Collection « Pratiques du champ social »
dirigée par Richard Vercauteren et Philippe Pitaud

L'évolution et les transformations du champ social et médico-social au cours des dernières décennies ont introduit un ensemble diversifié de paramètres et de données nouvelles, parfois contradictoires, qui ont modifié le cadre général d'intervention ainsi que le jeu des acteurs en présence.
Le processus de décentralisation et ses conséquences n'ont fait qu'accentuer la nécessité pour les intervenants sociaux et médico-sociaux, mais également pour les décideurs et les techniciens qui les entourent, de se doter d'outils permettant de comprendre les mécanismes du champ social et médico-social ; ceci, afin de rendre leurs pratiques et leurs décisions plus efficaces.
Cette nouvelle collection vise à fournir des éléments de connaissance et d'interprétation de la réalité sociale et médico-sociale, tout en explorant les champs du possible, à travers des ouvrages courts, synthétiques, réalisés par des praticiens-chercheurs soucieux avant toute chose de renvoyer vers la société civile les effets induits de leur engagement et de leur réflexion.

Déjà parus dans la même collection :

Pitaud P., Vercauteren R.
Acteurs et enjeux de la gérontologie sociale

Vercauteren R., Vercauteren M.C., Chapeleau J.
Construire le projet de vie en maison de retraite

Chantal Picod,
Sexualité : leur en parler, c'est prévenir

Sous la direction de Pitaud P., Vercauteren R.
Vieillir dans les villes de l'Europe du sud
Comparaisons et échanges internationaux

Vercauteren R., Chapeleau J.
Evaluer la qualité de la vie en maison de retraite

Vercauteren R., Vercauteren M.C., Barranger A.
Animer une maison de retraite

Jarousse N.
Sexualité et vieillissement

À paraître :

Dherbey B., Pitaud P., Vercauteren R.
La dépendance des personnes âgées
Des services aux personnes âgées aux gisements d'emploi

Sous la direction de Pitaud P. et Vercauteren R.
L'intergénération en Europe

Violences sexuelles en famille

Les auteurs

Annick Chemin	Educatrice spécialisée
Lydia Drouet	Psychologue
Jean-Jacques Geoffroy	Educateur spécialisé
Marie-Thérèse Jezequel	Assistante sociale
Annie Joly	Psychologue

sous la direction de Gildas Loirand,
sociologue, attaché d'enseignement et de recherche à l'université de Nantes, chercheur associé au CNRS.

Liste des personnes qui ont participé au travail de recherche sur les « Violences sexuelles »

Josiane Albert, éducatrice spécialisée ; Yannick Alix, éducatrice spécialisée ; François Allais, éducateur spécialisé ; Christiane Auger, éducatrice spécialisée ; Marie-Thérèse Barraud, chef de service ; Sylvie Blanchard, assistante sociale ; André Bonnaud, éducateur spécialisé ; Claudie Bouriaud, assistante sociale ; Monique Charrier, directrice ; Annick Chemin, éducatrice spécialisée ; Marie-Christine Dieumegard, éducatrice spécialisée ; Lydia Drouet, psychologue ; Alain Dugast, assistant social, délégué à la tutelle ; Anne Feuvrier, éducatrice spécialisée ; Jean-Michel Fournier, éducateur spécialisé ; Hubert Geng, éducateur spécialisé ; Noelle Gilleman, éducatrice spécialisée ; Nelly Guillaume, assistante sociale ; Serge Guilloton, chef de service ; Jean-Yves Illiaquer, éducateur spécialisé ; Jean-Paul Jeffredo, éducateur spécialisé ; Marie-Thérèse Jezequel, assistante sociale ; Annie Joly, psychologue ; Colette Lallemand, assistante sociale ; Marie Lebret, assistante sociale ; Brigitte Limousin, éducatrice spécialisée, déléguée à la tutelle ; Pierre Michon, assistant social ; Jacques Moreau, éducateur spécialisé, délégué à la tutelle ; Jeanine Rivalland, chef de service ; Danièle Rondeau, éducatrice spécialisée ; Sylvie Roy, éducatrice spécialisée ; Marie-José Steenkiste, éducatrice spécialisée ; Marie-Laure Teteau, éducatrice spécialisée ; Martine Vilain, psychologue ; ; Jean-Jacques Geoffroy, directeur adjoint, animateur de cette recherche.

Annick Chemin, Lydia Drouet,
Jean-Jacques Geoffroy,
Marie-Thérèse Jezequel, Annie Joly

Violences sexuelles en famille

Préface de Jean-Pierre Rosenczveig

Pratiques du champ social

érès

Nous remercions :

— Les participants du groupe de recherche qui ont collaboré activement à l'élaboration de cet ouvrage depuis septembre 1990.

— Roger Roiland, président de l'Association de la Sauvegarde de Vendée et les administrateurs.

— Michel Hay, directeur général de l'Association.

— Monique Charrier, directrice du service Milieu ouvert.

— Guy Carrieu, directeur général adjoint, chargé de la Solidarité et de la Famille au conseil général de Vendée.

— Francis Lapeyre, président du Tribunal de Grande instance de La Roche-sur-Yon (85).

— Jean-Pierre Rosenczveig, président du Tribunal pour enfants de Bobigny,qui a bien voulu préfacer cet ouvrage.

— Jacqueline Grousseau,secrétaire de direction.

— Gildas Loirand, sociologue, chercheur contractuel au CNRS.

La photographie en couverture est de
Monsieur Alain Dugast, assistant social.

ISBN : 2-86586-363-8

11 rue des Alouettes, 31520 Ramonville Saint-Agne

Préface

Contribution à une recherche-action nationale

C'est un paradoxe apparent qu'à l'aube du troisième millénaire nous éprouvions le besoin, comme s'y efforce aujourd'hui l'équipe d'AEMO de la Sauvegarde Vendée, de collecter des données sociologiques ou psychologiques, sur un phénomène aussi vieux que la vie qu'est l'inceste ! Nous n'en saurions pas grand-chose et, plus grave encore, nos réponses seraient souvent inadaptées.

Notre ignorance est réelle. Elle est accentuée par les difficultés que rencontrent encore les recherches et les idées à circuler dans notre beau pays, difficultés qui conduisent souvent chacun à recommencer quasiment à zéro cette recherche. Les travaux sérieux sont rares. Et ne parlons pas de la difficulté d'accéder à l'énorme littérature anglo-saxonne ! Pourquoi ? Fondamentalement parce que le « tabou » est tombé voilà somme toute peu de temps. Voilà dix ans exactement que l'on ose parler publiquement à travers les campagnes de sensibilisation du ministère des Affaires sociales des violences sexuelles à enfants et que nous disposons d'un corpus minimum de réflexion et d'intervention. Le tabou aura donc eu la dent dure, la paix des familles a fini par céder devant le respect dû à la personne humaine, à la femme, à l'enfant.

On comprend combien nombre de professionnels sont déboussolés devant la vague de révélations que suscite la libération de la parole des enfants sur un sujet délicat à aborder qui peut les mettre en cause dans leurs propres valeurs et leur histoire personnelle. Tout simplement, des problèmes spécifiques sont apparus notamment sur le terrain de la preuve, compte tenu de tout ce qui peut être mis en cause pour des individus — la victime et l'auteur et ses complices, et pour la famille — l'espace de quelques instants. En d'autres termes, il faut ici (re)-trouver une sérénité professionnelle qui ne nie pas les difficultés, mais aide à les assumer.

La loi du 10 juillet 1989 a légitimé — et non pas suscité comme on l'avance parfois, confondant la cause et l'effet — ce phénomène. Elle l'a facilité y compris en prolongeant de dix ans par-delà la majorité la prescription pénale. Elle a surtout eu le mérite, trop souvent négligé, d'obliger la puissance publique à se doter d'une infrastructure scientifico-administrative pour rendre compte régulièrement, tous les trois ans, de l'évolution des violences à enfants et de l'impact des politiques menées pour les réduire. Il aura fallu attendre 1989 pour engager cette politique d'évaluation et quitter le subjectivisme et donc la démagogie. Et encore, en 1989 a-t-il fallu vaincre des résistances ! Nous commençons à toucher les premiers bénéfices de cette attitude grâce aux travaux impulsés en 1990 par l'IDEF et menés aujourd'hui sous l'égide de l'ODAS.

Nous pouvons ainsi cerner la réalité quantitative, sinon qualitative, des violences physiques à enfants quand, jusqu'à présent, nous fonctionnions grâce à des évaluations largement subjectives. D'où les chiffres avancés trop longtemps et repris à l'envie de 50, 60 voire 100 000 enfants maltraités, y compris par les responsables ministériels soucieux de mobiliser l'opinion. Nous savons aujourd'hui qu'ils sont bien moins nombreux : un peu plus de 10 000. Ce n'est pas nier une réalité que de l'analyser avec plus de rigueur, c'est la remettre dans sa juste mesure. Reste à y voir plus clair sur les violences sexuelles à enfants mineurs qui, plus que d'autres violences, sont enfouies dans l'intimité de la vie familiale même si elles peuvent aussi — et malheureusement l'actualité en déborde — être non familiales.

Le travail de la Sauvegarde de Vendée est ici une contribution intéressante à la compréhension des victimes de ces violences et des auteurs et de leurs complices. Toute typologie doit être utilisée avec prudence, mais l'éclairage donné dans cette étude est d'autant plus pertinent qu'il est complété par des illustrations d'itinéraires de victimes « rencontrées » dans le cadre des mandats exercés.

Et puis les mots ayant du sens, il était important de ne plus parler d'« abus sexuels » comme on le fait trop fréquemment par une facilité de langage en traduisant l'expression anglaise « *child abuse* ». Il faut dire haut et fort qu'on ne peut pas abuser de la sexualité d'un enfant car il n'y a pas d'usage normal et légitime de la sexualité d'un enfant ! Même apparemment

« consentie » toute relation sexuelle, complète ou non à l'égard d'un mineur de quinze ans, est une violence illégitime. Les enfants ont droit à de l'amour, mais pas à ce qu'on leur fasse l'amour ! Cela suppose que l'on respecte l'enfant comme une personne et donc que l'on se respecte soi-même. Là est bien le débat.

Reste l'amélioration à apporter aux réponses mises en place. Le principal mérite du travail de la Sauvegarde est bien d'avancer une démarche institutionnelle qui s'appuie sur l'expérience et la connaissance d'autres pratiques développées en France ou à l'étranger. Le lecteur, là encore, en appréciera la pertinence. Il y a matière dans ce travail de réflexion en équipe. Nul doute que certaines ne s'en priveront pas.

On en retiendra le souci de bien respecter les deux approches fondamentales que sont le droit de l'enfant à se voir rendre justice et la nécessité de lui apporter un soutien psychologique, social, affectif. Ces deux pans du dispositif de protection de l'enfance ne sont pas antinomiques comme trop le pensent et le montrent dans leurs pratiques au risque d'entrer dans une querelle de territoires et de pouvoir sur la victime, dont celle-ci est souvent exclue. La société entend au contraire que justice et travail social se complètent et s'articulent. Ils n'ont pas le même rôle à tenir. Les travailleurs sociaux n'ont pas à apprécier l'opportunité des poursuites pénales contre les agresseurs ni à décider pour le parquet et le juge des enfants. En revanche, ils ne doivent pas ignorer les spécificités et l'impact — dans tous les sens du terme — de l'intervention judiciaire. A l'inverse, celle-ci doit entendre que les travailleurs sociaux ont des missions de conseil ou d'expertise et, bien sûr, d'aide, qui ont leur exigences méthodologiques. Ce respect réciproque est la règle dans ce pays ; les affaires d'Auch et du Mans l'exception.

Ce travail de la Sauvegarde constitue en vérité un double témoignage. Il est à la fois un regard sur les acteurs de l'inceste, leur histoire, leurs besoins, leurs souffrances. Il est fort et ne laisse pas indifférent.

Il se veut aussi — et surtout ? — un témoignage au deuxième, voire même au premier degré, sur les difficultés du positionnement des travailleurs sociaux qui ont à connaître ces situations. De fait, ils ne sont pas dans une situation aisée. Mais qui l'est face à ces douleurs, à ces drames, à ces violations de la dignité de l'individu ?

Quel est leur mandat ? Ils sont certes au service des enfants victimes, mais tiennent leur pouvoir de l'autorité mandante et de leur employeur. Ils n'exercent pas une profession libérale. Leurs pratiques sont cadrées par la loi — pénale, civile, droit du travail — et ses injonctions apparemment contradictoires en fonction de la sensibilité sociale —, mais aussi par la déontologie de leur profession et l'éthique du service. Tout simplement comme citoyens, ils ont une éthique personnelle à laquelle ils n'entendent pas déroger. Comme tous ceux qui croient savoir ce qu'il faut faire, ils trépignent que « l'autre » — et cet autre est ici souvent la justice — ne fasse apparemment pas ce qu'il devrait faire, sous-entendu ce que l'on souhaiterait qu'il fasse ! Là encore chacun se fera son point de vue dans une approche nécessairement subjective. On gagnera à se rapporter aux nouvelles dispositions du Code pénal dans le domaine du secret « missionnel » et de l'assistance à personne en péril.

Le mérite majeur de ce travail est de bien insister sur les responsabilités complémentaires qui s'exercent pour venir en aide à une personne victime d'une violence sexuelle. Il faut ici à la fois beaucoup d'engagement et de modestie à l'intervenant social. Aucune institution ne peut penser seule apporter une réponse à toutes les questions posées. Parfois les intéressés trouvent seuls leur nouvel équilibre.

En revanche, certains éléments de la démarche doivent être assurés en toutes circonstances : entendre la douleur et le discours de la victime, l'assurer d'une défense devant les différents juges qui auront à connaître son cas, y compris prendre des mesures de protection en sa faveur, nécessité d'un accompagnement comme il se pratique déjà à Rennes, Bordeaux ou Créteil, lui éviter la répétition de son témoignage comme dans la procédure MELANIE mise au point à La Réunion. Le travail mené par certains fonctionnaires de police en région parisienne est là encore passionnant.

Il faut aussi être clair sur l'ordre de la loi. Reconnaissons que l'Equipe de la Sauvegarde l'est et l'affirme. Originalité forte et appréciable du discours et de son positionnement, elle voit même dans l'intervention judiciaire le nécessaire fondement de sa propre intervention éducative quand trop souvent des travailleurs sociaux négligent cette étape et ce processus. Comment fonder un travail de restructuration personnel ou institutionnel en niant la victime dans son statut de victime, sans affirmer que ce qu'elle a subi est réalité et injustice ?

En d'autres termes, ce travail animé par des acteurs de terrain trouve sa place — ni plus ni moins — dans la « recherche-action » engagée sur tout le territoire national afin de rattraper le retard important pris pour rendre compte que trop d'enfants, au risque d'en être traumatisés toute leur vie d'adulte et comme parents, ont été victimes d'une injustice qu'il faut affirmer avec solennité, sanctionner y compris réprimer, réparer, dépasser et surtout reconnaître et parler.

Ce travail pourra irriter des chercheurs classiques quand sur de nombreux points des approfondissements auraient été nécessaires dans l'analyse des réponses institutionnelles, mais, dans sa partie propositionnelle, il traduit bien l'engagement et l'expérience de professionnels au service d'une certaine idée des droits de la personne.

Et là aussi il est utile.

Ciboure, le 24 août 1995
Jean Pierre Rosenczveig,
président du tribunal pour enfants de Bobigny,
secrétaire général du Conseil français
des Associations pour les droits de l'enfant.

Avant-propos

La société culpabilisée

Les violences à enfant existent. C'est une réalité choquante, mais son ampleur n'est pas précisément connue. Il n'existe pas de statistiques exhaustives des mauvais traitements. Les chiffres disponibles ne sont que des indicateurs nationaux des constats graves dressés par les autorités judiciaires de notre pays : ainsi, les évaluations communément avancées en France font état de 50 000 cas par an, dont plusieurs centaines de décès.

La première approche de l'enfant maltraité a été celle de l'enfant battu ou victime de sévices physiques, l'école jouant un rôle de révélateur de premier ordre à cet égard. Les cas de négligences graves ont été ensuite identifiés — ce que le Code pénal, par euphémisme, qualifiait de « privations » — puis on a mis en évidence un certain nombre d'attitudes parentales, telles que carences affectives et atteintes psychologiques, et leur retentissement sur le développement de l'enfant. Enfin, de manière sporadique, l'attention s'est déplacée vers cette autre forme de maltraitance, pourtant couverte par la rumeur et donc tolérée comme telle, les abus sexuels.

Les abus sexuels font partie de l'histoire de nos civilisations comme l'abandon d'enfant. A la fois proscrits et intégrés dans la conscience individuelle et collective, ils ont constitué jusqu'à ce jour, au jour d'aujourd'hui encore peut-être, un exemple vivant de ces sujets interdits dont par nature, il est difficile de se départir sans culpabilité.

En ouvrant ce dossier, les auteurs du présent ouvrage lèvent ainsi le voile sur une réalité aux multiples visages : celle de l'opinion publique qui trop souvent connaît sans réprimer ; celle des moyens d'information qui dénoncent et stigmatisent ; celle des travailleurs sociaux, des responsables administratifs et judiciaires qui évaluent et condamnent. Combien de fois n'a-t-on pas entendu à l'issue d'un procès — dont le premier rendu public sur ce thème en France l'a été en mai 1995 — « oui, on pensait que... » voire même « oui, on savait ! » ?

Il est donc nécessaire d'aller plus loin, de briser les barrières de nos mentalités, d'utiliser de manière plus radicale le dispositif législatif et réglementaire qui est le nôtre. C'est en tout cas la volonté du législateur qui — fort récemment faut-il le reconnaître — a clarifié les devoirs, missions et responsabilités de tous.

Pourtant si trop de situations ne sont encore pas suffisamment précocement prévenues, peut-être doit-on y voir la conséquence d'une information trop morcelée, trop parcellisée, souvent incomplète et partagée par trop d'acteurs — services sociaux, éducation, justice, police, médecins, etc. — peut-être doit-on aussi admettre que l'évaluation reste pour chacun un moment délicat dont les conséquences seront lourdes.

C'est pourquoi, il est essentiel que, par-delà la passion, le sujet soit abordé autrement que par la suspicion, la dénonciation, la condamnation. Pour cela, il faut sensibiliser davantage le public et mieux coordonner les professionnels. *Violences sexuelles en famille* répond à cette préoccupation. En proposant de nouvelles dispositions pratiques de coordination des acteurs, les auteurs ouvrent la voie à une organisation concrète, vue par des professionnels de terrain, pour que l'objectif avoué par tous ceux-là, la transparence et le respect du droit de l'enfant, soit atteint.

Tels sont les apports essentiels de cet ouvrage qui offre à tous ses lecteurs potentiels — c'est-à-dire à tous les citoyens engagés — des éléments supplémentaires de réflexion et souvent des débuts de réponse.

Les violences sexuelles en famille sont aujourd'hui trop fréquentes dans nos pays de liberté et de démocratie, comme le sont d'une manière plus générale les maltraitances à enfant. A ce stade, le phénomène n'est d'ailleurs plus à isoler d'une mission plus large qui est celle de la protection de l'enfance qui, encore et toujours, doit rester le dénominateur commun de nos différentes politiques sociales, économiques, judiciaires, dans le respect notamment des dispositions de la Convention internationale des droits de l'enfant adoptée par l'Organisation des Nations unies en 1989.

Guy Carrieu

Directeur général adjoint des services du département de la Vendée, chargé de la Solidarité et de la Famille

Magistrats et travailleurs sociaux : vers une concertation plus étroite

Les travaux et ouvrages qui traitent des violences sexuelles sur les enfants et des relations incestueuses sont de plus en plus nombreux actuellement. Les procès relatifs à des agressions sexuelles ou à des viols à l'intérieur de la famille ont augmenté très sensiblement au cours de ces dernières années. La loi de juillet 1989, et plus récemment la réforme du Code de procédure pénale, ont incité les travailleurs sociaux à être encore plus vigilants sur ces situations familiales et à travailler en collaboration plus étroite avec les magistrats. Le silence pesant d'un écrasant secret de famille, la gêne des proches tendent à s'amenuiser. Certes toute révélation implique de tous une extrême vigilance et une pareille prudence sur la réalité des faits, n'étant pas les uns et les autres à l'abri de l'affabulation d'un enfant, de la malveillance d'un proche ou d'un tiers, et lorsqu'elle est affirmée, sur la conduite à tenir et les conséquences pénales.

Le premier réflexe qui consiste à éloigner l'enfant de sa famille a pour conséquence de punir la victime, ce qui désole tous ceux dont le devoir est de la protéger. Seule une concertation entre les différents partenaires de la décision peut amener à limiter le mal dans le temps et à aider la jeune victime à reconstruire sa vie. S'il est vrai que dans un passé relativement récent les travailleurs sociaux pouvaient penser que le monde judiciaire ne recevait leur message qu'avec réserve, voire même ne le comprenait pas, les magistrats de leur côté regrettaient souvent un manque de collaboration, des explications insuffisantes pour les aider à forger la décision, quand ce n'était pas un refus de s'engager ou de témoigner.

La jurisprudence récente de la cour d'appel d'Angers[1] et la réflexion qui l'a suivie ne peuvent qu'inciter à la saisine sans tarder de l'autorité judiciaire par les professionnels de l'action sociale. Il y a en effet une double exigence : celle d'assumer la mission confiée à une association qui la délègue par un contrat de travail et celle d'appliquer la loi qui s'impose à tous. L'inquiétude qui en résulte chez tous les intervenants sociaux se manifeste à travers de nombreux témoignages et publications d'articles. La contrepartie de la diligence et de la confiance qui leur est imposée devrait se traduire dans le milieu judiciaire par un effort particulier d'écoute et de compréhension.

L'intérêt de la réflexion collective des professionnels de la Sauvegarde de Vendée réside dans son originalité : face à des difficultés concrètes, vécues dans une tâche journalière, ils ont entrepris de définir une démarche constructive et cohérente conciliant les aspects juridiques, professionnels et humains. Tant en fonction de l'auteur que de la victime, ils ont observé les indices qui les amenaient à repérer une situation et des rapports suspects où sont impliqués parents et enfants. Ils se sont préoccupés de la crédibilité de confidences inquiétantes, puis en ont tiré toutes les conséquences.

Cet ouvrage devrait aider les gens de terrain dans l'appréhension de ces problèmes, et aussi l'élaboration des stratégies d'action. Les magistrats, soucieux de l'intérêt de l'enfant, y puiseront de nombreuses pistes de réflexion. Le sérieux de cette démarche et des méthodes définies ne peut que les inciter à se rapprocher de leurs partenaires sociaux. Même si leurs moyens et leur formation sont différents, les uns et les autres sont engagés dans la résolution de difficiles affaires de mœurs où l'avenir d'un enfant est en jeu.

Francis Lapeyre,
président du Tribunal de grande instance
de La Roche-sur-Yon (85)

1. Affaire Montjoie du Mans, arrêt de la cour d'appel d'Angers du 12 juillet 1994.

Introduction

Cet ouvrage se propose d'aborder le problème des violences sexuelles, dont l'inceste, perpétrées par des adultes sur des enfants. En retraçant la démarche de recherche-action entreprise à partir de 1990 par des travailleurs sociaux de la Sauvegarde de la Vendée[1], il s'attache à porter au jour quelques unes des questions et des difficultés majeures que de telles violences ne manquent pas de poser au travail social dans toutes ses dimensions.

Les origines d'un questionnement

Les violences subies par des enfants ne sont pas un phénomène nouveau, et depuis de nombreuses années, les médecins,

1. Créée en 1958, la Sauvegarde de la Vendée considère la protection et l'aide aux enfants en danger ou en réelles difficultés comme une de ses missions prioritaires. Cette association privée, régie par la loi de 1901, gère un ensemble d'établissements et de services. Le service Milieu ouvert exerce des mesures éducatives auprès des enfants et de leurs familles. Ces mesures sont ordonnées soit par le juge des enfants avec ou sans l'accord des parents au titre des articles 375 et suivants du Code civil (voir en annexes), soit par le conseil général, toujours en accord avec les parents, en application de la loi de janvier 1986. Il s'agit de mesures d'assistance éducative en milieu ouvert de protection quand elles sont judiciaires, et de prévention quand elles sont administratives. Un ensemble de travailleurs sociaux sont chargés d'appliquer ces mesures en équipes décentralisées et pluri-professionnelles : assistants sociaux, éducateurs spécialisés, psychologues, psychiatres, secrétaires, sous la responsabilité d'un chef de service. Le plus souvent, il s'agit d'interventions au domicile des enfants et de leur famille.

les enseignants, les juges, et les travailleurs sociaux sont confrontés aux problèmes posés par l'enfance maltraitée. La loi de 1989[2] précise le partage des compétences et des responsabilités entre le département et l'autorité judiciaire, tout en fixant des obligations réelles aux professionnels du travail social puisqu'il s'agit « d'aviser sans délai l'autorité judiciaire à chaque fois qu'un mineur est victime de mauvais traitements ou présumé l'être ».

Cette loi, conjuguée à l'action des médias dénonçant les situations d'enfants maltraités, semble avoir eu un double effet. Elle a permis aux victimes de mauvais traitements ou à leurs proches d'oser parler et de lever partiellement le sceau du silence. Les révélations se sont alors accrues de manière significative. D'autre part, les travailleurs sociaux ont, de fait, été invités à développer leurs formations et compétences dans ce domaine, d'où un dépistage des situations probablement amélioré.

En nombre absolu, nous ne disposons d'aucun indicateur fiable permettant d'affirmer un accroissement du nombre d'enfants maltraités au cours de ces dernières années. Par contre, le nombre des révélations de violences sexuelles a crû très sensiblement. Le journal *Libération*[3] signale, après enquête auprès des cours d'assises qu'un procès sur cinq (en 1992) portait sur un viol familial, soit presque cinq fois plus qu'en 1988. Dans notre service éducatif, à deux périodes distinctes, 1983-1986 et 1987-1990, le nombre de révélations annuelles a pratiquement doublé.

Sur le terrain, les pratiques des travailleurs sociaux ont fait ressortir des difficultés croissantes dans les prises en charge éducatives concernant les situations d'enfants maltraités, notamment dans le cas précis de violences sexuelles intra-familiales. En effet, les situations d'inceste se révélaient particulièrement complexes et difficiles dans une appréhension globale, et posaient toute une série de questions aux travailleurs sociaux qui s'y trouvaient directement confrontés. La liste, certes non exhaustive, que l'on peut dresser, permet de fixer le cadre général dans lequel s'inscrit la réflexion que nous entendons mener tout au long de cet ouvrage :

---

2. Loi du 10 juillet 1989 relative à l'enfance maltraitée (voir en annexes).

3. *Libération* (10 juillet 1992) : « L'inceste arrive en nombre devant les jurés ».

— la révélation par la victime, un proche, ou un tiers au travailleur social : comment réagir, dans quel délai, auprès de quels intervenants, et pour quelle protection de l'enfant ?
— l'action pénale auprès de l'auteur de violences sexuelles : quand intervient-elle, sous quelle forme, et avec quelle prise en compte de l'intérêt de l'enfant ?
— le placement des victimes comme mesure de protection : quelle est son efficacité, quels sont ses effets sur l'enfant, la famille ?
— quelle est la crédibilité de la parole de l'enfant ?
— quels sont les effets sur l'enfant des différentes expertises ou auditions par la Police et la Justice ?
— quelle est la défense de l'enfant en justice et quand intervient la désignation d'un administrateur ad hoc ?
— s'il y a incarcération de l'auteur des violences sexuelles, souvent le père, quelles sont les conséquences sur l'enfant, sur la cellule familiale ?
— l'action éducative du travailleur social après la révélation, dans le cas où l'enfant est placé en établissement ou en famille d'accueil, doit-elle continuer, et dans l'affirmative avec quels objectifs ?
— au-delà de la protection de l'enfant, faut-il mener une action auprès du groupe familial afin de prévenir la récidive et redonner un sens aux liens de parenté entre générations ?
— comment, dans l'intérêt de l'enfant sur un territoire déterminé, des interventions cohérentes, organisées, et adaptées sont possibles entre les différents acteurs de la justice, de la police, de la santé et du travail social ?

L'organisation de la recherche

Cette série de questions ne pouvait trouver de réponses immédiates, et définitives. Par ailleurs, les contacts entretenus avec d'autres services analogues au nôtre, la lecture d'articles, d'ouvrages abordant la question de l'inceste ou des violences sexuelles, confirmaient la justesse de notre questionnement, sans pour autant proposer de méthodologie d'intervention fiable et reconnue. Les secteurs judiciaire, médical et social étaient et sont encore en recherche à propos du traitement de la question de l'inceste. La justice s'interroge devant ce crime familial où règne souvent la loi du silence. C'est probablement ce qui a incité notre service à engager en septembre 1990 une réflexion approfondie autour des violences sexuelles subies par l'enfant à l'intérieur de sa famille. *A contrario*, si nous avons écarté de la recherche les violences sexuelles commises par des tiers, étrangers à la famille, c'est en raison du nombre relativement restreint de situations de ce type (moins de 10 % des situations de violences sexuelles recensées dans notre service) et de questions assez différentes qui ressortent, tant pour l'enfant, la famille et les institutions judiciaires et médico-sociales. En l'espèce, il n'y a pas le lien de parenté qui amène toute la complexité des situations d'inceste.

A l'initiative de la direction du service de Milieu ouvert, et en écho à la demande des travailleurs sociaux, un groupe de travail fut constitué réunissant une trentaine de personnes aux professions diversifiées : assistants sociaux, éducateurs spécialisés, travailleuses familiales, psychologues, cadres de direction. Au-delà des situations individuelles rencontrées par chacun, des impressions ressenties, et du sentiment général qu'un malaise régnait autour de la prise en charge des situations de violences sexuelles commises sur des enfants, nous avons dégagé deux objectifs prioritaires dans la recherche.

Il convenait de dresser un état des lieux à l'intérieur de notre service, d'une part en recherchant ensemble la définition des violences sexuelles et de l'inceste dans leurs dimensions juridique, technique, et psychosociale et d'autre part, en appréhendant de façon plus objective les situations de violences sexuelles et d'inceste que notre service avait eu à traiter au cours d'une période déterminée. Notre ambition était de parvenir à une attitude cohérente et organisée pour l'ensemble des travailleurs sociaux dans les situations de violences sexuelles.

Puis, nous avons cherché à sensibiliser les autres intervenants concernés : juges, policiers, médecins, travailleurs sociaux afin d'élaborer une méthode d'intervention respectant les domaines de compétence de chacun tout en garantissant à l'enfant que des traumatismes ou violences supplémentaires ne viendraient pas s'ajouter à la violence initiale subie, par manquements, précipitations ou incohérences des différents intervenants. Pour mener à bien ce travail et garantir une certaine rigueur et objectivité dans la démarche, nous avons fait appel à un sociologue, Monsieur Gildas Loirand, qui nous a été d'une aide précieuse tant pour la réflexion, la méthodologie, et les questions pertinentes qu'il nous a renvoyées.

Les développements qui suivent s'appuient essentiellement sur les constats réalisés par les travailleurs sociaux du service Milieu ouvert de la Sauvegarde de Vendée, concernant les situations de violences sexuelles, principalement d'inceste, qu'ils ont eu à connaître dans la cadre des mesures éducatives exercées de 1983 à 1991. Les observations, réflexions, commentaires et propositions s'inscrivent dans ce cadre et ne sauraient prétendre à toute extrapolation ou tentative de généralisation. De la même manière, la terminologie utilisée « violences sexuelles », comme nous l'expliquons par la suite, est en rapport direct avec les situations rencontrées, sans remise en cause d'autres terminologies utilisées par certains auteurs, comme *abus sexuels* par exemple.

Afin de formaliser notre questionnement, et sensibiliser les différents acteurs à la question de l'inceste et des violences sexuelles, il nous a fallu rédiger un document[4] transmissible à l'extérieur du service, et soulevant de façon synthétique les différentes questions posées aux travailleurs sociaux face aux violences sexuelles. Aussi, nous avons constitué un groupe de rédaction de cinq personnes, composé d'une assistante sociale, d'une éducatrice et d'un éducateur spécialisé, de deux psychologues. Progressivement, au fur et à mesure de l'avancée de nos travaux, de la lecture d'ouvrages traitant du même sujet et réalisés aussi par des collectifs de travailleurs sociaux exerçant en protection judiciaire de l'enfance[5], il nous a semblé intéressant de poursuivre la recherche, à la fois dans un souci, interne à notre service, de progresser dans la conceptualisation, mais aussi afin de pouvoir partager avec d'autres, nos interrogations, expérimentations, innovations, nos doutes, et la nécessaire modestie dans l'approche de ces problèmes humains.

Nous aborderons en première partie, le contexte du travail social dans l'approche des situations de violences sexuelles, les résultats de l'analyse statistique, et les questions qui se posent aux travailleurs sociaux. Dans le second chapitre, nous évoquerons les organisations familiales à risques incestueux et les conséquences des violences sexuelles sur la victime et son entourage. La troisième partie tentera de proposer quelques pistes d'intervention et abordera la question de la prévention.

---

4. « Les abus sexuels commis sur des mineurs », Sauvegarde de Vendée service Milieu ouvert, mai 1992.
5. « Situations des enfants victimes d'abus sexuels », étude menée de 1989 à 1991 dans le service social et de Sauvegarde de l'Aisne, *Revue AFSEA*, n° 1/92 ; « La maltraitance se crie mais ne s'écrit pas ? », *Sauvegarde de Seine-et-Marne*, 1993 ; A. Criville, M. Deschamps, C. Fernet, M.F. Sittler-Privat, *L'inceste. Comprendre pour intervenir*, Service social de l'enfance de Paris, Toulouse 1994.

Prologue

Hélène : fragments de cauchemar

« La plaque achetée a été cassée en mille morceaux... et la tombe de mon père est relevée... Mon père s'est enfui. Je ne peux pas y croire. »

« Je le voyais vivant dans la nuit comme si je ne dormais pas. Il me suivait encore pour me faire du mal, pour me prendre par derrière. »

« Le lendemain matin, je regardais derrière moi sans cesse car j'avais peur de le revoir... Je n'osais pas me regarder dans la glace, j'avais toujours peur de le revoir pour me faire encore du mal. »

Hantée par ce cauchemar, le corps d'Hélène d'habitude toujours porté comme un fardeau, s'anime, prend vie d'une façon brutale et désordonnée, toutes ses angoisses, toutes ses meurtrissures resurgissent à l'état brut en un seul instant.

Pendant qu'Hélène revit son cauchemar, elle perd toutes les sensations et les repères la raccrochant à la réalité immédiate, sa présence est volatile dans la pièce.

Hélène demande brusquement si cela peut encore arriver, elle cherche vivement à s'accrocher à la réalité. Hélène a 28 ans et ce fantôme l'habite toujours...

Cette crise émotionnelle compulsive représente une étape importante dans le processus de guérison d'Hélène permettant l'accès à la source de problèmes et de symptômes esprit-corps et l'appréhension de souvenirs bloqués.

Ce rêve revécu une énième fois a permis à Hélène de prendre possession de sa vie. Après dix années écoulées, Hélène est parvenue à décider de sa vie, parler de l'inceste qu'elle a vécu de neuf ans à quinze ans, afin de s'orienter vers une démarche de soins qu'elle-même s'est fixée.

Hélène vivait dans une famille où le père était ouvrier-maçon, et la mère élevait ses quatre enfants. Elle était la seconde de la fratrie. L'aînée a été placée à l'âge de un an et demi jusqu'à ses dix huit ans. Ce placement a fait suite à une hospitalisation ayant révélé des mauvais traitements. Hélène a eu très peu connaissance des causes de la séparation de sa sœur. Elle a d'ailleurs appris tardivement qu'elle avait une sœur, pensant pendant une longue partie de son enfance qu'elle était l'aînée.

Hélène a très peu parlé de son enfance, elle s'est mariée jeune et a eu son premier enfant à dix-huit ans. La relation dans le couple s'est détériorée et Hélène s'est montrée dans l'incapacité d'assurer la prise en charge matérielle et affective de son fils. Une aide éducative a été mise en place, puis Hélène a accepté que son fils soit recueilli temporairement au foyer départemental de l'enfance pendant une période d'environ six mois.

A l'issue de ce temps, elle a retrouvé une certaine stabilité et son fils est revenu vivre dans le couple. Après une période d'accalmie, à nouveau, des différends ont eu lieu. Hélène s'est séparée de son mari et a quitté précipitamment sa région d'origine pour aller vivre dans un autre département où elle a noué des relations passagères avec des hommes.

Quelques années plus tard, elle est revenue, se rapprochant de sa famille. Les problèmes ont persisté et sa situation a fait l'objet d'un signalement auprès du procureur de la République. Une mesure d'action éducative judiciaire a été mise en place. Elle a très mal accepté ce nouvel échec dans la prise en charge de son fils.

Des constantes sont remarquées dans sa relation aux hommes. Ceux-ci sont souvent absents la semaine du fait de leur travail, de leurs déplacements. Ils l'installent dans une maison complètement équipée, Hélène n'a rien d'autre à faire sinon d'attendre le compagnon en fin de semaine. Ils lui achètent une voiture. De ces différentes unions ne naquirent point d'enfant. Hélène laisse supposer qu'à la suite de la naissance de son fils, elle est devenue stérile.

Régulièrement, Hélène vit des périodes « lune de miel » où tout lui est donné sans qu'elle-même ne puisse mettre en avant un désir. Ils sont devancés. Puis, une seconde étape arrive, elle se lasse et sort dans les cafés. La rupture avec le compagnon est violente, elle part avec son fils sans être en mesure de prendre ses affaires personnelles. Une fois, elle a tenté de retourner récupérer des objets, l'attendait son compagnon entouré du frère et de la sœur d'Hélène. Elle a vécu douloureusement ce moment : elle s'est sentie séquestrée, redevenue sous l'emprise d'un homme.

Pendant ces diverses vies communes, la relation maternelle qu'elle noue avec son fils est d'égal à égal. Elle partage avec lui tous ses soucis de femme, il est le confident allant même jusqu'à se faire « son garde du corps ». C'est lui, enfant de cinq ans, qui défendrait sa mère contre les autres hommes. Jean est à la limite de l'obésité et il fait régulièrement des crises de boulimie. La mère et l'enfant sont dans un état fusionnel. Jean n'a aucune activité extra-scolaire permettant une distanciation. C'est un enfant hyper-anxieux, répondant parfois à la place de sa mère.

Pendant toute la mesure d'investigation et d'orientation éducative[1], Hélène se montre réticente, car cela lui rappelle son passé qu'elle tente d'oublier... A l'issue de cette mission, le juge des enfants ordonne une mesure d'action éducative judiciaire dont les attendus mentionnent la nécessité d'un accompagnement éducatif en raison de la fragilité de la mère et de la relation fortement problématique entre la mère et l'enfant. Fort de cela, Hélène soutenue par sa famille fait appel à la décision. La cour d'appel confirme le jugement d'aide éducative judiciaire.

Pourtant, au fil des entretiens une relation de confiance s'instaure, notamment à partir du moment où elle réalise qu'elle a des ressources pour « diriger sa vie comme elle l'entend ». Hélène recherche un emploi, obtient un contrat temporaire qui la valorise, elle se sent reconnue socialement. Son fils commence à participer à des activités en dehors de la maison.

Des mots lancés viennent excuser son instabilité conjugale et ses changements d'humeur brutaux.

Au fil du temps, des bribes de phrases se rapportant à son enfance s'échappent. Hélène laisse poindre qu'elle a besoin

1. Investigation et orientation éducative : mesure ordonnée par le juge des enfants afin d'évaluer si les enfants sont en danger dans une famille, et de proposer des mesures de protection appropriées.

d'aide, puis se rétracte en disant « qu'elle est capable de se débrouiller seule avec son fils, et qu'elle ne se laissera pas manger par lui ». La relation à son fils est chaleureuse, elle veut « à tout prix, le bonheur de son fils ».

Hélène parle de ses fuites en avant en expliquant « qu'elle a eu de graves problèmes étant jeune et qu'elle a des choses à dire au juge des enfants... ». Elle veut parler au juge des enfants et pour être en mesure de le faire, elle commence à mettre en mots, ses maux sur le papier.

« Pourquoi venir protéger son fils... alors qu'elle ne l'a jamais été lorsqu'elle était enfant ? »

Cette phrase met en exergue un flot de questions qui vient maintenant ponctuer sa vie :

— « Pourquoi cela lui est-il arrivé à elle et pas plutôt à une autre ? »

— « Quand je l'ai dit à ma mère, elle ne m'a pas crue [...]. Cela voulait dire que c'était moi qui était sale ? »

Des maux de dos remontent à son enfance, vers dix ans, elle avait déjà mal et sa mère l'envoyait en consultation chez le kinésithérapeute, dira-t-elle.

A la suite d'une tentative d'autolyse, elle est hospitalisée, et va en consultation chez un psychiatre. Elle parle de l'inceste, puis n'y retourne plus.

La souffrance est très forte lorsqu'elle parle de sa mère : « elle ne m'a pas crue ».

A partir de ces réminiscences, le ton de la voix d'Hélène s'affirme et le bégaiement qu'elle avait toujours eu disparaît. Mais toujours, le même cauchemar revient : « La plaque achetée a été cassée en mille morceaux... ».

Son regard s'obscurcit tout en disant : « Il le fait toujours par derrière ». Les paroles de son père résonnent dans sa tête : « Tu ne dis rien ou alors je te mets la tête dans le four ». Hélène se souvient parfaitement du visage de son père, il avait peu de cheveux, son regard était « méchant ».

Ces évocations sont associées à d'importantes douleurs corporelles, mais quand elle parle, elle s'affirme. Progressivement, sa voix devient nette, son visage s'éclaircit, elle est présente.

De l'âge de neuf ans à douze ans, Hélène vit des sévices sexuels. Elle s'est tue craignant les menaces de son père. Elle vivait dans la terreur, elle avait peur de lui, il s'alcoolisait.

Elle est en échec scolaire, elle n'arrive pas à comprendre en classe. Jusqu'à l'âge de neuf ans, elle se dit heureuse avec son père. Elle, il ne la battait pas... Elle était la chouchoute. Ils allaient à la pêche ensemble.

Puis, Hélène s'est retrouvée le soir dans le lit du père, il lui faisait des chatouilles. Sa mère savait qu'elle allait dans son lit. Elle ne disait rien.

Quand Hélène a douze ans, son père décède de maladie.

Un an plus tard, sa mère a un compagnon qui tente de violer Hélène. Elle révèle tout à sa mère qui ne la croit pas. Pour elle, c'est un second traumatisme. Son sentiment de dévalorisation s'accentue, elle se vit « comme une personne sale, une putain... » ne méritant aucune considération. Puis, ses frères abusent d'elle et Hélène dérive pendant plusieurs années... Toutes ces années, elle les passe « dans le brouillard », dira-t-elle.

Quand Hélène parle de son enfance et de son adolescence, elle s'aperçoit qu'elle a tenté des « appels au secours ». Ensuite elle annulait toute démarche. « Bloquée », Hélène souffrait de maux de dos, elle consultait le médecin et avait des séances de kinésithérapie. A l'école, elle s'isolait. Son état de tristesse, son enfermement et son échec scolaire ont inquiété les enseignants, le service social a été alerté. Dans la famille, le silence était de règle. Plusieurs tentatives d'autolyse ont amené Hélène au service des urgences de l'hôpital.

Pendant des années, l'image des violences sexuelles a continué son rôle d'agression : les plaintes d'Hélène se sont manifestées dans son corps et dans son esprit sans pouvoir aboutir à une amorce d'élaboration ou de mentalisation du conflit. La souffrance devenue insoutenable, Hélène était étrangère à elle-même développant des conduites pathologiques, adoptant le plus souvent un comportement à risques mettant sa vie en danger.

Au début de l'action éducative judiciaire, Hélène se comparait à une « serpillière », cette image d'elle-même s'est estompée progressivement. Pendant deux années, un travail de réappropriation de l'estime de soi, de positionnement des responsabilités de chacun autour de l'inceste a eu lieu, permettant à Hélène de retrouver une intégrité et une capacité de vivre.

La mesure judiciaire suivie de la réaction d'Hélène lors de sa démarche à la cour d'appel a été porteuse de sens. Hélène est passée d'une position passive à une position active. Elle s'est mobilisée dans l'intérêt de son enfant et par ricochet pour elle-même.

L'inceste laisse souvent des empreintes indélébiles et non perceptibles dans l'immédiat et le futur proche. Les symptômes apparaissent alors à certains moments importants de l'existence : instauration des premières relations amoureuses et sexuelles, naissance du premier enfant...

Hélène a trouvé la bonne distance avec son enfant, elle a noué une relation affective stable. Avec son compagnon, ils font le projet d'avoir un enfant.

Hélène a trente ans aujourd'hui. Elle commence à vivre.

Chapitre 1

Les travailleurs sociaux face aux violences sexuelles

Violences sexuelles en général

Un nouveau contexte

Nous assistons depuis quelques années, environ cinq ans, à un changement d'attitudes des personnels et institutions mandatés par la société pour traiter les situations d'inceste. Si l'inceste a toujours existé, il n'a pas toujours été révélé ou sanctionné. Pendant des années, la société, en l'occurrence représentée par les services sociaux, la police et la justice, s'est pratiquement tue. Cela ne fut pas sans conséquences, car chaque dimension de ce silence collectivement partagé exerce des effets qui, en se cumulant, se conjuguent pour entraver la prise en charge effective des victimes. La non-révélation par les victimes ou leurs proches de ce qu'ils considèrent comme un secret familial honteux, tend ainsi à empêcher le travail social et l'intervention de la justice. Le seul soupçon d'une situation d'inceste n'ouvre en fait que sur des possibilités réduites d'action. Par ailleurs, les travailleurs sociaux éprouvent parfois quelques difficultés lorsqu'il s'agit d'entendre et de croire ce type de révélations dans ce qu'il a d'abject, d'incroyable, réduisant ainsi toute prise de distance professionnelle qui permettrait une analyse suffisamment objective de la situation. Cette attitude peut entraîner une résistance à réaliser un signalement aux autorités compétentes. Dans la majorité des cas où ces obstacles sont levés, la saisie de la justice ne signifie pas pour autant une garantie certaine de protection de l'enfant. La parole de l'enfant peut être mise en doute, face à la négation des faits par l'adulte auteur des violences sexuelles. En l'absence de preuve et d'aveu, le dossier risque d'être classé sans suite par le Parquet.

Ces difficultés de *croire* l'enfant, tant au niveau des travailleurs sociaux, qu'au niveau des personnels chargés de mener les investigations judiciaires, ont eu probablement pour effet de décourager les victimes lors d'un processus de révélation. Elles se sentent en effet doublement trahies : à la fois par l'auteur des violences et par les intervenants chargés de signifier la transgression d'un interdit social. Cette parole non prise en compte à un moment de leur histoire, ne signifie pas pour autant que les victimes resteront muettes ultérieurement. Une fois devenues adultes, plusieurs années après les faits, elles commencent à parler. Des témoignages sont publiés, en particulier le livre d'Eva Thomas[1] qui évoque les violences sexuelles qu'elle a subies. Cet ouvrage est destiné au grand public et dépasse le cercle restreint des professionnels du travail social. La loi de juillet 1989[2] ne se limite pas à préciser les niveaux de responsabilité en matière d'enfance maltraitée, elle ouvre aussi une brèche dans la conspiration du silence qui règne autour de ces questions de maltraitance et de violences sexuelles par deux innovations :
— la création du numéro vert national[3] ouvert au public en janvier 1990 et qui permet à toute personne connaissant ou suspectant un enfant d'être victime de mauvais traitements, ou à la victime elle-même, de porter à la connaissance de personnes qualifiées qui pourront écouter, conseiller, ou saisir les autorités compétentes du lieu de résidence de la victime. Ceci en respectant l'anonymat de l'appel ;
— la modification de la loi concernant les personnes mineures victimes de viols, en leur permettant de saisir la justice dans un délai de dix ans après leur majorité.

Quelques émissions de télévision[4] avec témoignages des victimes en direct ont porté à la connaissance du grand public les violences sexuelles commises sur des enfants. Encouragés

---

1. Eva Thomas, *Le viol du silence*, Aubier, Paris, 1986.
2. *Op. cit.*
3. Numéro vert fonctionnant toute l'année 24 h/24 : 05.05.41.41.
4. Emission *En quête de vérité* : « Les abus sexuels contre les enfants », TF1, 13 mai 1992, et « L'enfance violée : pour briser le silence », *Bas les Masques*, France 2, 26 avril 1995.

par ces témoignages, d'autres victimes, progressivement, se sont mises à parler.

Le regard porté par la justice sur ces situations s'est lui aussi modifié. Les poursuites engagées auprès des auteurs de violences sexuelles se sont multipliées, et les exigences envers les travailleurs sociaux, médecins, accrues. Beaucoup gardent en mémoire le procès d'Auch[5], et plus récemment celui du Mans[6], où dans des situations de viols de mineurs, la justice a engagé des poursuites contre médecins et travailleurs sociaux en raison de signalements trop tardifs à l'autorité judiciaire. Des débats houleux auront lieu au sujet de la déontologie des professionnels concernés, relevant le risque de voir l'espace du travail social s'amenuiser par des signalements ultérieurs hâtifs, incontrôlés ou injustifiés, au détriment des victimes. La réforme du nouveau code de procédure pénale entrée en vigueur au 1er mars 1994 répondra, en partie, aux attentes des professionnels concernés.

Cette modification de contexte incitant davantage aux révélations a quelque peu bousculé les pratiques éducatives des travailleurs sociaux, en les amenant à situer plus précisément leur cadre d'intervention, leurs limites, et le nécessaire travail de concertation et de coordination avec les autres acteurs qui ont à connaître les situations de violences sexuelles à l'égard d'enfants.

5. Procès d'Auch, le 28 juin 1990 : Deux assistantes sociales, une responsable du service de l'Aide sociale à l'enfance, un médecin inspecteur de la santé sont condamnés pour non-dénonciation de crime, une mineure ayant été violée par son père. Elles seront relaxées par la cour d'appel.

6. Procès du Mans, le 29 octobre 1993 : un enfant de sept ans placé en famille d'accueil est violé par un jeune de vingt ans placé dans la même famille d'accueil. Une assistante sociale, un éducateur spécialisé, deux codirecteurs de service de placement familial, un psychologue et un psychiatre sont inculpés de non-dénonciation de sévices sur un mineur de quinze ans et non-assistance à personne en danger. En première instance, le tribunal du Mans a prononcé la relaxe des prévenus. Le parquet a fait appel de cette décision. La cour d'appel d'Angers a condamné les prévenus à des peines d'emprisonnement avec sursis.

Le cadre juridique des violences sexuelles

La situation française

La protection des enfants victimes de violences sexuelles s'inscrit dans le dispositif de protection des mineurs en *danger*, parmi lesquels nous retrouvons les cas d'enfants *maltraités*, dénomination apparue un peu plus récemment, voici une quinzaine d'années au moment où se créait en 1979 l'AFIREM[7] sous l'impulsion de deux pédiatres, Pierre Strauss et Michel Manciaux.

Cette protection des enfants est apparue récemment dans nos sociétés, puisque depuis l'antiquité les enfants étaient la propriété de leur père qui pouvait les traiter selon son bon vouloir, agissant avec eux comme avec ses autres biens. Il pouvait les vendre ou même les tuer, car les enfants n'avaient aucun droit aux yeux de la Loi. Au début du XIXe siècle, le droit de correction paternelle était encore largement en vigueur, et intervenait généralement quand l'autorité du père était bafouée ou la paix familiale compromise. Ainsi, le père pouvait obtenir du tribunal d'arrondissement, l'emprisonnement pour un mois de son enfant de moins de seize ans. Il faut attendre la loi de 1889, pour assurer la protection des enfants maltraités et moralement abandonnés, une loi qui introduit aussi pour la première fois la déchéance possible des droits de la puissance paternelle. Les tribunaux pour enfants seront mis en place en 1912, et l'ordonnance du 2 février 1945 relative à l'enfance délinquante crée une étape décisive en substituant les notions de correction du mineur à celle de rééducation et de protection. Les lois sur l'assistance éducative des mineurs en *danger* apparaissent en 1958, et en 1970 pour ce qui est de l'autorité parentale. Il faut attendre 1989[8] pour qu'une loi particulière s'intéresse aux enfants victimes de mauvais traitements. Le 26 janvier 1990, la France signe la Convention internationale des droits de l'enfant.

Cette brève rétrospective de l'évolution du statut de l'enfant dans notre société laisse apparaître deux points fondamentaux qui sont, à notre sens, à intégrer lorsqu'est abordée la question

---

7. Association française d'information et de recherche sur l'enfance maltraitée. Son objectif premier est la collecte de l'information pour permettre des échanges et la circulation des opinions quant aux problèmes des enfants maltraités.

8. *Op. cit.*

de la maltraitance ou des violences sexuelles. La protection des enfants est apparue très tardivement (un siècle) dans notre droit français et aussi dans nos conceptions éducatives. Il n'est pas certain aujourd'hui que ce processus soit complètement achevé. Les modes de protection et d'éducation des enfants ont singulièrement évolué depuis un demi-siècle, amenant par là-même la nécessité de modifier la loi : assistance éducative 1958-1970 ; enfance maltraitée 1989 ; réforme du code de procédure pénale 1994. Des évolutions sont encore à prévoir, et le cadre juridique dans lequel s'inscrit l'appréhension des situations de violences sexuelles peut encore être modifié.

La protection des enfants maltraités ou présumés l'être, en France, s'inscrit dans le cadre de la loi du 10 juillet 1989[9]. En 1994, 16 000 situations d'enfants maltraités ont été recensées en France, dont 4 000 concernent des violences sexuelles : chiffres de l'Observatoire national de l'action sociale décentralisée. L'autorité administrative, c'est-à-dire le président du conseil général par le truchement de son service départemental d'Aide sociale à l'enfance, est habilité à intervenir à condition d'agir avec l'accord écrit des parents. En cas de désaccord, seul le juge des enfants peut intervenir et décider de mesures nécessaires à la protection de l'enfant. En droit français, le juge est gardien des droits et des libertés de la personne et il est le seul qualifié pour limiter ces droits et ces libertés en respectant les règles de procédure.

Lorsqu'il s'agit de violences sexuelles commises sur des mineurs et que ces violences sont révélées et reconnues, intervient nécessairement la qualification de l'acte, ce qui ne se réalise jamais sans difficulté. En présence de sévices sexuels infligés à un mineur de moins de quinze ans avec ou sans surprise, contrainte ou violence, aura-t-on affaire à une agression sexuelle considérée comme un délit examiné par le tribunal correctionnel ou s'agira-t-il d'un viol considéré comme un crime devant être jugé par la cour d'assises ?

Dans les deux cas, l'autorité judiciaire doit être saisie, et outre l'intervention du juge des enfants dans le cadre de la procédure civile (mesure d'assistance éducative), le procureur de la République peut décider d'ouvrir une instruction pénale, différente dans ses objectifs et ses moyens d'action de la procédure civile. Dans l'une, il s'agit de protéger l'enfant victime, et dans

9. *Op. cit.*

l'autre de poursuivre l'auteur de violences sexuelles qui a enfreint la loi.

Dans la législation française, les situations de violences sexuelles commises sur des mineurs impliquent obligatoirement la saisine de l'autorité judiciaire. Y renoncer ou le faire trop tardivement comporte le risque d'être poursuivi pour non-dénonciation de sévices sur un mineur de moins de quinze ans[10] ou non-assistance à personne en danger[11] comme ce fut le cas lors des procès d'Auch et du Mans[12]. Il apparaît clairement que la mission des services de protection de l'enfance, sous le contrôle de l'autorité judiciaire quand il s'agit de mesures éducatives ordonnées par le juge des enfants, est bien de protéger l'enfant des dangers et des risques qu'il encourt quand ses parents deviennent défaillants et ne peuvent plus remplir correctement leurs rôles de protection et d'éducation fixés par la loi sur l'autorité parentale[13]. En matière de violences sexuelles commises sur des enfants, des mesures de protection peuvent être prises par le juge des enfants, et des poursuites pénales engagées par le procureur de la République contre l'auteur des violences. Protection de la victime, répression de l'auteur sont les deux dispositifs réglementaires. Il n'y a pas de place, à l'heure actuelle, pour une action plus thérapeutique au niveau de la famille, et ceci constitue une des limites imposées aux travailleurs sociaux en protection de l'enfance que nous aborderons plus largement en dernière partie.

Qu'en est-il dans les autres pays européens ? Au moment où est évoqué la construction de l'Europe sociale, il est intéressant de rechercher si ce recours systématique à la justice est pratiqué dans les autres pays occidentaux ou nord-américains.

En Europe... Au Québec

Selon l'étude de droit comparé sur la défense de l'enfant en Europe et dans les pays d'Amérique du Nord menée par Marcelle Bongrain[14], toutes les législations européennes considèrent qu'un mineur en danger est « celui qui est victime de sévices, de

10. Art. 6, al. 1-2, Code pénal.
11. Art. 63, al 1-2, Code pénal.
12. *Op. cit.*
13. Loi du 4 Juin 1970 sur l'autorité parentale.
14. Marcelle Bongrain, Philippe Chaillou, Claire Davidson, Claire Neirinck, *La défense de l'enfant en Justice*, Publication du CTNERHI, mars 1989.

privations, d'abus sexuels, et celui dont la sécurité, la moralité, l'éducation sont compromises ». Le système français de double protection, prévention administrative et protection judiciaire, se retrouve sous une forme voisine en Belgique, en Allemagne, en Angleterre, en Italie et en Espagne. Toutefois, pour ce qui est des situations de maltraitance et de violences sexuelles, deux pays, la Belgique et l'Italie sont en recherche de réponses alternatives au système judiciaire.

La justice belge n'est pas obligatoirement saisie si des actions de soins sur la victime et thérapeutiques sur le groupe familial peuvent se mettre en place avec la participation de l'auteur des violences quand il reconnaît la gravité de son acte. Dans le cas contraire, la justice est saisie. L'intérêt de cette démarche réside dans la primauté de l'action thérapeutique dans l'intérêt de la victime et de sa famille, reléguant en second plan le strict aspect répressif d'une sanction pénale. En revanche, la libre adhésion de l'auteur des violences sexuelles nous interroge, puisqu'il n'a pas réellement le choix, tout refus de traitement entraînant une dénonciation à la justice. Les risques de simulation d'adhésion au programme de soins sont réels, et c'est ce qu'a perçu l'équipe du docteur Jorge Barudy[15] qui réfléchit aux limites d'une déjudiciarisation des situations de violences sexuelles.

Les Italiens semblent adopter une position médiane, puisque le nouveau code de procédure italien de 1989 « introduit la possibilité de négociation avec procès abrégé et peine réduite si l'inculpé reconnaît sa culpabilité ». Stéfano Cirillo et Paola Di Blasio[16], thérapeutes familiaux de familles maltraitantes au Centre pour l'enfant maltraité de Milan évoquent le « pari » de la thérapie sous mandat judiciaire, et pensent qu'il est illusoire d'attendre d'une famille maltraitante la formulation d'une demande d'aide à l'extérieur de la famille.

L'idée d'associer à la contrainte judiciaire la nécessité d'une démarche thérapeutique de la famille peut sembler paradoxal au prime abord dans la mesure où, depuis toujours, la thérapie présuppose une demande d'aide et une motivation sous-jacente qui constituent le moteur du changement. Toutefois, l'idée qu'un patient souhaite profondément un changement sans pour autant formuler une demande explicite, mérite réflexion et probablement encore quelques expérimentations.

15. SOS enfants-famille, Clinique Saint-Luc, Bruxelles.
16. Stéfano Cirillo, Paola di Blasio, *La famille maltraitante*, ESF, Paris, 1992.

La protection de l'enfant en *danger* au Québec remonte au siècle dernier. Pendant près d'un siècle, cette protection a été essentiellement judiciaire. Une nouvelle loi québécoise sur la protection de la jeunesse est entrée en vigueur en 1979. Deux principes fondamentaux ont vu le jour : la reconnaissance des droits de l'enfant et la déjudiciarisation de sa protection. Les mesures nécessaires à la protection du mineur sont décidées, sur un plan administratif, par le directeur de la protection de la jeunesse avec l'accord des parents et du mineur concerné s'il a plus de quatorze ans. En cas de désaccord ou d'impossibilité d'application de ces mesures volontaires, le directeur de la protection de la jeunesse peut saisir le tribunal. Le traitement des situations de violences sexuelles s'inscrit dans ce cadre qui exclut toute intervention systématique de la justice, lorsque des actions thérapeutiques sur le groupe familial peuvent s'engager. Nous retrouvons l'intérêt et les limites de ce dispositif évoqués à propos de la législation belge.

La Convention internationale des droits de l'enfant

En examinant les différents niveaux du cadre juridique des situations de violences sexuelles, il nous a semblé utile de rechercher si cette question avait été abordée par les Etats signataires de la Convention internationale des droits de l'enfant, dont la France. L'article 34 de la Convention précise :

« Les Etats parties s'engagent à protéger l'enfant contre toutes les formes d'exploitation sexuelle et de violence sexuelle. A cette fin, les Etats prennent en particulier toutes les mesures appropriées sur les plans national, bilatéral, et multilatéral pour empêcher :
a) que des enfants ne soient incités ou contraints à se livrer à une activité sexuelle illégale ;
b) que des enfants ne soient exploités à des fins de prostitution ou autres pratiques sexuelles illégales ;
c) que des enfants ne soient exploités aux fins de la production de spectacles ou de matériels de caractère pornographique... ».

L'analyse de cet article laisse apparaître une nécessité de protéger l'enfant contre une exploitation à des fins surtout mercantiles, préoccupation légitime des Etats signataires de la Convention. La protection des enfants victimes de violences sexuelles intra-familiales n'est pas clairement énoncée. Seuls les termes « d'activité sexuelle illégale » permettent d'introduire la législation française.

L'ensemble des pays occidentaux et nord-américains condamnent les violences sexuelles commises sur des enfants et préconisent des mesures de protection. La mise en place de ces mesures, leur application, le recours ou non à la justice, la possibilité d'engager une démarche de soins pour la famille, varient considérablement d'un pays à l'autre. Une des principales difficultés à agir de façon efficace et coordonnée semble résider dans la définition et la qualification de l'acte lui-même. Selon le niveau de gravité évalué, les réponses de la justice et du travail social peuvent varier considérablement.

Choix de la terminologie « violences sexuelles »

Devant ces actes impensables, inqualifiables que sont les atteintes sexuelles à des enfants, les adultes sont assez désemparés quand il s'agit de nommer ces pratiques, de mettre des mots sur l'indéfinissable, l'insoutenable. A travers les différents ouvrages, revues, articles sur le sujet que nous avons consultés, nous avons relevé sept appellations distinctes.

— *L'abus sexuel* : terme utilisé largement par les auteurs français, anglo-saxons, et qui est une traduction de l'anglais « *Sexual abuse* ». L'abus est à la fois un mauvais usage et un usage excessif. Selon Madame Deltaglia[17] « est un abus sexuel à l'enfant, toute utilisation du corps de l'enfant pour le plaisir sexuel d'une personne plus âgée que lui, quelles que soient les relations entre eux, et même sans contrainte ni violence ».

— *L'exploitation sexuelle* est une définition retenue par l'Organisation mondiale de la santé et la Convention internationale des droits de l'enfant. « Pour l'OMS , l'exploitation sexuelle d'un enfant implique que celui-ci est victime d'un adulte ou d'une personne sensiblement plus âgée que lui aux fins de la satisfaction sexuelle de celle-ci. Le délit peut prendre différentes formes : appels téléphoniques obscènes, outrages à la pudeur et voyeurisme, images pornographiques, rapports ou tentatives de rapports sexuels, viol, inceste ou prostitution des mineurs ».

— *La maltraitance sexuelle* est une terminologie utilisée dans un ouvrage publié en 1993[18] portant sur une étude de la maltraitance d'enfants dans un service éducatif de la région pari-

17. Liliane Deltaglia, *Les abus sexuels envers les enfants, monographies de victimes*, Editions Vaucresson, janvier 1990.

18. L. Geoffroy, C. Gorostiaga, S. Kruskovic, B. Tailleux, M. Terrade, « La maltraitance se crie mais ne s'écrit pas ? », *Recherches initiales sociales et communications*, premier trimestre 1993.

sienne, analogue au nôtre. Curieusement, ce terme n'est pas repris dans l'étude. Il lui est préféré celui *d'abus sexuels* en retenant la définition de Liliane Deltaglia.
— *Les sévices sexuels* figuraient dans l'ancien Code pénal. Les sévices sont les mauvais traitements exercés à l'encontre d'une personne sur laquelle on a autorité.
— *Les agressions sexuelles* : art 222 et suivants du nouveau Code pénal.
— *Les atteintes sexuelles* : art 227 et suivants du nouveau Code pénal.

La distinction opérée par le législateur s'appuie sur la notion de violence. Les agressions sont commises *avec* violences alors que les atteintes sont exercées sans violences. Il n'est pas précisé s'il s'agit de violences physiques ou/et psychologiques. Les sanctions pénales sont plus importantes[19] pour les agressions sexuelles que pour les atteintes sexuelles.
— *Les violences sexuelles* : L'expression est utilisée par des auteurs français et étrangers lors de recherches sur l'enfance maltraitée. Elle figure dans le nouveau Code pénal, ainsi que dans la Convention internationale des droits de l'enfant. Cette expression est utilisée fréquemment par des auteurs[20] qui affichent toutefois un choix pour les termes *abus sexuels*, définition retenue officiellement en France.

On le voit, le choix d'une terminologie appropriée n'est pas aisé. Tout au long de notre démarche de recherche, nous avons utilisé les termes *abus sexuels*. Ce n'est qu'au moment de l'écriture que nous avons marqué quelques hésitations et embarras. Parler d'abus nous apparaît une acception trop large pour qualifier les atteintes sexuelles aux enfants, notamment quand nous abordons la question de l'inceste. Dans le langage courant, le mot abus signifie un dépassement des limites autorisées : abus d'alcool, de tabac, abus de pouvoir, d'autorité, de confiance. Il s'agit de consommations excessives ou de comportements exagérés. Ce qui apparaît encore davantage, c'est l'écart qui existe sur la façon d'aborder le problème. Ainsi, l'a-

---

19. « Constitue une agression sexuelle toute atteinte sexuelle commise avec violence, contrainte, menace ou surprise » (art. 222-22, nouveau Code pénal) ; « Le fait, par un majeur, d'exercer sans violence, contrainte, menace ou surprise, une atteinte sexuelle sur un mineur de quinze ans, est puni de deux ans d'emprisonnement et de 200 000 F d'amende » (art. 227-25, nouveau Code pénal).
20. Marceline Gabel, *Les enfants victimes d'abus sexuels*, PUF, mars 1992.

bus sexuel dénonce *le comportement inacceptable de l'auteur*, alors que les violences sexuelles qualifient *l'atteinte qui est portée aux victimes.*

Nous avons fait le choix de nous situer au niveau de l'atteinte à l'intégrité physique et/ou psychologique des victimes d'inceste, confortés en cela par les recherches d'auteurs comme Hubert Van Gijseghem[21] qui estime, en considérant les conséquences, que « l'inceste père-fille sur le plan métapsychologique, est situé au même niveau que le meurtre », ou Françoise Dolto[22] qui rappelle que « les enfants sont nombreux à ignorer l'interdit de l'inceste ». Elle affirme que l'initiation de l'adolescent ou de l'enfant est toujours un traumatisme psychologique.

Les études réalisées en France par le professeur Courtecuisse[23] et son équipe sur les adolescentes victimes d'inceste confirment les effets destructeurs sur leur personnalité : sur une série de trente adolescentes victimes d'inceste, vingt-deux ont fait une tentative de suicide.

Nous ferons nôtre la proposition du Docteur Tomkiewicz[24] d'opérer une distinction entre violence et abus. Il considère que le mot « violence » implique l'usage de la force physique (comme le viol ou les sévices) ou psychologique (les menaces ou abus d'autorité). A contrario, « l'abus » implique l'absence d'utilisation de la force ou de la contrainte.

Ainsi, les agressions sexuelles intra-familiales, dont l'inceste, perpétrées par un adulte sur un enfant avec lien de filiation naturel ou culturel[25] *constituent à notre sens des violences sexuelles.*

Les difficultés concrètes du travail social

Les constats réalisés dans notre étude et les propos recueillis auprès des victimes nous confortent dans ce choix de définition. Il ne s'agit pas de proposer une définition unique, mais compte tenu de la complexité du sujet à traiter, d'adopter une

---

21. Hubert Van Gijseghem, « Autre regard sur les conséquences de l'inceste père-fille », *Revue canadienne de psycho-éducation*, 1985.
22. F. Dolto, revue *Recherches*, avril 1987.
23. V. Courtecuisse, *L'inceste aujourd'hui,* 1985.
24. S. Tomkiewiecz, *Aimer mal, châtier bien*, Le Seuil, Paris, 1991.
25. Nous entendons par là, les pères ou mères mariés, naturels, adoptifs, les vies maritales, les unions successives caractéristiques des familles recomposées.

terminologie qui reflète au mieux la problématique de notre recherche. Les questions sont nombreuses, et les réponses apportées par les travailleurs sociaux encore empiriques. C'est pour ces raisons que nous avons engagé une démarche de recherche-action, avec le concours de Gildas Loirand, sociologue. Nous abordons cette étude sous deux dimensions venant alimenter chacune la problématique générale relative aux violences sexuelles. Dans un premier temps, nous avons recherché les données quantitatives permettant de situer le problème avec une certaine rigueur et objectivité dans la démarche. Au-delà des impressions ou constats des travailleurs sociaux, quels étaient les faits observables et mesurables qui ressortaient des situations familiales prises en charge par notre service sur une période déterminée ? Puis, il nous a semblé intéressant de croiser cette recherche en faisant apparaître des données qualitatives où apparaissent les sentiments des victimes, des travailleurs sociaux, moments de vie, d'humanité et de subjectivité dans cette approche particulièrement difficile des drames humains.

L'enquête sociologique

Pour sa part, l'enquête sociologique comportait deux dimensions :

— la première consistant en un recueil d'entretiens auprès de plusieurs travailleurs sociaux du service de Milieu ouvert marqué par des différences de sexe, de formation d'origine, de secteur géographique, d'activité et de formation professionnelle complémentaire. Ces entretiens introduisaient un point de vue « subjectiviste » visant à ressaisir et à reconstruire sociologiquement le vécu des professionnels confrontés à ces violences sexuelles. Leur exploitation effectuée par l'écoute et l'analyse des bandes enregistrées a alimenté l'ensemble du raisonnement sur la question du « malaise professionnel » que les discussions collectives avaient précédemment conduit à porter au jour ;

— la seconde en un repérage précis de données permettant de décrire certaines caractéristiques typiques des victimes et auteurs de violences sexuelles, ainsi que les issues qui leur sont réservées tant sur le plan judiciaire que sur celui du travail social.

Le questionnaire[26] élaboré fut destiné à observer statistiquement les situations de violences sexuelles rencontrées dans notre service entre 1983 et 1991, et les suites qui ont été données à chaque cas. Nous avons opéré une distinction entre les violences sexuelles révélées et les violences sexuelles suspectées, dont les issues, nous le verrons plus loin, sont fort différentes tant pour les victimes que pour les agresseurs. Trente-quatre travailleurs sociaux ont retourné leur questionnaire, recensant 101 situations de violences sexuelles révélées ou présumées[27]. Parmi les 99 situations qui ont pu être exploitées statistiquement, on relève 59 révélations et 40 suspicions.

L'objectif principal de cette enquête statistique était de vérifier si les difficultés particulières et insuffisances de coordination entre les différents acteurs relevées par les travailleurs sociaux trouvaient crédibilité après une analyse plus objective des situations rencontrées au moyen d'un questionnaire élaboré par un sociologue.

Du côté des travailleurs sociaux

Les propos qui suivent sont à resituer dans leur contexte de l'époque : les entretiens avec le sociologue ont été réalisés en juillet 1991. Les difficultés évoquées par les travailleurs sociaux ne se retrouvent pas au même niveau d'acuité en 1995. Des avancées significatives ont eu lieu, et nous aurons l'occasion d'y revenir dans la dernière partie de cet ouvrage.

De l'ensemble des entretiens avec le sociologue, il ressort globalement chez les travailleurs sociaux des sentiments d'*échec* et d'*impuissance* dans la gestion des situations de violences sexuelles. Dans la bouche des travailleurs sociaux, la même phrase revient : « On ne sait pas comment s'en sortir ». Propos que l'on retrouve d'ailleurs mot (maux) pour mot (maux) chez les victimes...

Ces sentiments d'échec et d'impuissance semblent trouver leur origine dans trois difficultés essentielles que soulignent les travailleurs sociaux :

— une protection insuffisante des mineurs victimes de violences sexuelles ;

---

26. Le questionnaire figure en annexe.

27. Nous avons opéré cette distinction entre révélations et suspicions, afin de prendre en compte les situations où nous intervenons sur des présomptions de violences sexuelles, la révélation n'étant pas survenue.

— un décalage dans l'action entre le souhaité et le possible ;
— l'absence de concertation avec les autres professionnels concernés par le problème : magistrats, officiers de police ou de gendarmerie, médecins...

1. Une protection insuffisante

Les travailleurs sociaux agissent, dans notre service, dans le cadre de la protection de l'enfance. Il s'agit, notamment pour les mesures d'action éducative en milieu ouvert judiciaire, de proposer au juge des enfants toute mesure de nature à réduire le danger encouru par les enfants et à améliorer leur protection quand les parents sont défaillants. Dès lors, quand les enfants sont maltraités ou subissent des violences sexuelles, les travailleurs sociaux pensent légitimement que la justice va agir dans le domaine de la protection. Or l'analyse statistique révèle que dans 65 % des cas suspectés, aucune mesure de protection des victimes supposées n'a pu être prise. S'agissant de suspicions et non de révélations, la prudence de la justice, faute d'éléments probants, est compréhensible. Pourtant, lors de cas révélés où les violences sont attestées, alors que les travailleurs sociaux cherchent à protéger les mineurs et à éviter les placements déstructurants en essayant de travailler en priorité sur le « système familial », les issues réelles sont toutes autres : dans 20,3 % des cas révélés les victimes n'ont pas été réellement éloignées de l'auteur des violences sexuelles, et quand elles ont pu l'être, ce sont fréquemment elles (et non pas l'auteur) qui ont été pénalisées. Ainsi, 44,1 % des victimes sont contraintes de quitter par mesure de protection leur domicile et/ou leur famille (35,6 % sont placées en famille d'accueil ou en foyer).

Cette protection insuffisante entraîne un sentiment de révolte chez les travailleurs sociaux d'autant que sur le nombre de cas révélés depuis 1983 (59), 59,3 % des agresseurs n'ont jamais été placés en garde à vue, 11,9 % des cas n'ont donné lieu à aucune enquête judiciaire malgré une information transmise au Parquet, et 20,3 % des victimes ont pu faire l'objet d'une récidive (par le même auteur ou non).

Enfin, alors que les travailleurs sociaux reçoivent leurs missions d'une commande de la justice, les signalements qu'ils réalisent semblent recueillir moins de crédibilité que ceux effectués par d'autres professionnels tels que les gendarmes ou les médecins.

Apparaît ainsi une « hiérarchie du sérieux » quant aux lieux des révélations et à l'identité professionnelle. Au sommet de la hiérarchie, quand la révélation est prise très au sérieux, et qu'elle débouche non seulement sur l'interpellation de l'auteur, mais sur sa mise en détention provisoire, on trouve en priorité les services de police et de gendarmerie, et secondairement les services médicaux. Au milieu de la hiérarchie, se situe l'institution scolaire. Lorsque les membres de celle-ci reçoivent une révélation, on assiste généralement au placement en garde à vue de l'auteur. Enfin, en bas de la hiérarchie, quand la révélation est recueillie par un travailleur social de notre service, l'auteur est plus souvent laissé en liberté, avec tous les risques que cela peut comporter pour les victimes.

Ainsi, la parole des travailleurs sociaux reçoit moins de crédit de la part de l'institution judiciaire que celle de médecins, gendarmes ou policiers. Ce qui semble paradoxal, car dans la majorité des violences sexuelles prises en compte dans l'enquête, ce sont les membres de la Sauvegarde qui ont reçu les révélations. Ce phénomène trouve probablement son explication dans le fait que d'une façon générale, notre société a plus tendance à croire les propos de personnes assermentées ou expertes, que ceux émanant d'autres catégories sociales. La structure et le contenu des signalements peuvent aussi infléchir certaines décisions dans le sens où les écrits des travailleurs sociaux sont parfois vagues et imprécis, ne facilitant pas alors la prise de décision du magistrat.

Mais, les travailleurs sociaux souhaitent aller au-delà de la volonté de protéger les mineurs, sous une forme « curative », des violences sexuelles, car comme le déclarait un éducateur : « Ce n'est pas possible pour nous que cela recommence ».

2. Décalage dans l'action entre le souhaité et le possible

Les travailleurs sociaux agissent dans le domaine de la protection de l'enfance. Rien, ni personne ne réclame légalement un travail « curatif » ou « thérapique » des violences sexuelles. D'où un décalage entre ce qui est fait et ce qui pourrait être fait. Au-delà de la stricte protection de l'enfant, les travailleurs sociaux s'aperçoivent qu'il n'y aura aucune modification des comportements parentaux, et donc risque de récidive, si aucune action en profondeur n'a lieu sur l'ensemble de la famille. L'origine de ce décalage semble résider en partie dans la prise de conscience par les travailleurs sociaux de l'ampleur du phénomène incestueux dès 1985. Cette année-là, le colloque d'Angers, tenu principalement par les pédopsychiatres de l'AFIREM sur la question des abus sexuels et de la maltraitance, avait commencé à donner le ton. Le regard des travailleurs sociaux commence dès lors à être « aiguisé » et prêt à affronter la part des violences sexuelles qui n'accèdent pas spontanément à la révélation. Il devient question de « briser le silence d'enfants terrorisés qui n'osent rien dire » et « d'organiser l'accompagnement de la parole » pour aboutir à une révélation. Une telle orientation de l'action des travailleurs sociaux est d'autant plus légitime que la loi du 10 juillet 1989 a pu laisser croire que leur travail serait désormais davantage relayé à l'échelon judiciaire et ainsi positivement valorisé.

Ainsi, les travailleurs sociaux ont progressivement envisagé de développer des actions visant à dépasser le cadre de la seule protection, afin d'agir sur l'ensemble de la famille pour préserver l'unité familiale et éviter la récidive. Or ces actions ne s'inscrivent dans aucun cadre légal. D'où l'existence d'un paradoxe : les mesures de protection demeurent insuffisantes et ne permettent pas de traiter le problème. Obtenir une révélation, pour un travailleur social, prend assez vite la forme, après le signalement légal, d'un échec relatif par rapport à ce qu'il pouvait en espérer : depuis 1983, sur l'ensemble des révélations recueillies, 45,9 % ont abouti à une condamnation quelconque de l'auteur et seulement 41,7 % à une véritable mesure de protection de la victime.

Le paradoxe évoqué plus haut se résume ainsi : les mesures de protection (incarcération de l'auteur, interdiction d'hébergement de la victime par l'auteur, etc.) n'appartiennent pas aux travailleurs sociaux, et ce qui dépend directement d'eux (actions d'aide auprès de la victime, de la famille) ne peut obtenir de légitimité et d'efficacité réelles tant que le soutien des diverses institutions concernées n'est pas assuré.

Il n'est pas possible, on le voit, pour les travailleurs sociaux, d'agir seuls dans la résolution de la question des violences sexuelles. Le travail avec les autres acteurs concernés est indispensable.

3. L'absence de concertation entre les professionnels concernés

Il ne s'agit pas ici de mettre en cause des manquements professionnels aussi bien du côté du travail social que du côté de l'institution judiciaire, mais simplement de relever des problèmes nouveaux, au moins dans leur apparition sur la scène publique, qui requièrent des modifications de pratiques professionnelles. Rester dans son champ de compétences sans penser l'articulation avec les autres professionnels des institutions judiciaires ou policières n'aboutit qu'à des impasses ou pire, à une aggravation de la situation du mineur, après révélation. Combien de travailleurs sociaux ont pu évoquer la grande difficulté dans laquelle se trouvait un enfant, après révélation d'inceste, sans qu'aucune intervention policière ou judiciaire ait lieu avant plusieurs semaines, quand ce n'est pas plusieurs mois ! Quand il a parlé, l'enfant court un danger encore plus grand car il a trahi le secret familial, et ses proches peuvent le rejeter ou l'accuser d'être un provocateur. Il risque alors de subir des représailles de l'auteur des violences sexuelles. Sans protection efficace et rapide, l'enfant n'a plus qu'une seule alternative : se rétracter.

Ce qui apparaît regrettable, du point de vue des travailleurs sociaux, c'est qu'il n'existe pas de base commune d'intervention pour les violences sexuelles. Aucune action concertée ne se voit explicitement polarisée sur l'intérêt des victimes et sur celui de leur famille. Comme l'enquête le laisse clairement entrevoir, à cette situation objective répond le fait que 88 % des travailleurs sociaux interrogés estiment que leurs difficultés à régler les problèmes de violences sexuelles proviennent d'un déficit de coordination entre la justice et les services sociaux. Ainsi, toute proposition axée en priorité sur l'intérêt de l'enfant ne doit jamais tenter d'imposer au système judiciaire, qui a sa logique propre ce que celui-ci ne pourra jamais accepter. A savoir : incarcérer sans preuves, sans aveu, sans témoignages multiples et concordants. Comment dans l'intérêt des enfants victimes mieux articuler la procédure civile de protection des mineurs avec la procédure pénale à l'encontre de l'agresseur ?

Ces difficultés rencontrées par les travailleurs sociaux trouvent un écho auprès des victimes de violences sexuelles qui hésitent longtemps avant de parler, assimilant la révélation de l'inceste à un « parcours du combattant » : examens (gynécologiques, psychiatriques) et auditions multiples, risque de placement hors de sa famille, confrontation en justice avec l'auteur, défense en justice pas toujours réalisée (absence d'avocat), etc. Les résultats de l'analyse statistique permettent de mieux situer qui sont les victimes, les auteurs, et les facteurs favorables ou défavorables à la protection des mineurs et à l'inculpation des auteurs.

Victimes et auteurs de violences sexuelles

En premier lieu, il convient de rappeler que nous évoquons des situations familiales rencontrées par les travailleurs sociaux de la Sauvegarde. Les portraits « typiques » présentés ci-après ne sauraient en aucune manière prétendre à toute extrapolation ou généralisation. Nous retrouvons cependant certaines caractéristiques principales décrites dans les études menées par le service social et de sauvegarde de l'Aisne de 1989 à 1991[28] et du service social de l'enfance de Paris[29].

1. Portrait « idéal-typique » de l'auteur[30]

L'auteur de violences sexuelles est le plus souvent un homme d'âge moyen (38 ans) à la date de la révélation et il habite majoritairement dans un bourg rural ou secondairement dans un logement individuel urbain. Dans 62,5 % des cas, il est membre d'une famille faisant déjà l'objet d'une mesure éducative et est donc suivi par les travailleurs sociaux de la Sauvegarde. Dans la majorité des cas (51,5 %), il est le propre *père* de la victime, et secondairement son beau-père (en cas de remariage de la mère) ou le concubin de la mère (21,8 %). Le plus souvent, il s'agit d'un homme marié à la tête d'une famille de 3,2 enfants en moyenne. En règle générale, il abuse de sa victime depuis un an ou moins au moment où est recueillie la révélation.

L'auteur est repéré par ailleurs par les travailleurs sociaux comme présentant des troubles de la personnalité et comme alcoolique (troubles : 47,5 %, alcoolisme : 40,6 %). Il ne se trouve au chômage que dans 10 % des cas. Pourtant, s'il y a troubles de la personnalité ou alcoolisme, la justice n'appréhende pas ces caractéristiques de la même manière, puisque sur les 59 révélations recensées, un seul auteur s'est vu redevable d'une obligation de se soigner.

---

28. *Op. cit.*
29. *L'inceste. Comprendre pour intervenir*, *op. cit.*
30. Portrait « idéal-typique » : nous empruntons cette terminologie à Max Weber (*Economie et société*, tome 1, Paris, Plon, 1971), qui signifie une construction modélisée destinée à présenter de manière synoptique les caractéristiques les plus communes. Cela ne désigne en aucun cas une réalité tangible, mais cela permet de comparer les observations du réel. De la sorte, en aucune manière, il ne peut s'agir d'un « portrait robot ».

Par ailleurs, il est à signaler que c'est le plus souvent à la suite d'une absence ponctuelle de la mère de la victime ou durant une période de maladie grave de cette dernière qu'est opéré le passage à l'acte.

Enfin, nous relevons, dans l'enquête, une situation défavorisée ou d'infériorité sociale dans laquelle se trouve l'auteur et sa famille. Misère sociale et psychologique semble caractériser en propre les auteurs, et dans 22,8 % des cas, l'auteur de violences sexuelles a été lui-même confronté à un moment ou à un autre de son histoire à des phénomènes de violences sexuelles. Ce constat se trouve redoublé par le fait que dans 15 % des cas, son conjoint a également été confronté dans sa propre existence à des violences de même nature.

2. Portrait « idéal-typique » de la victime

La victime de violences sexuelles, qui est le plus souvent une victime unique, est dans 92 % des actes de type incestueux une victime de sexe *féminin*. Elle réside pratiquement toujours sous le toit de l'auteur des violences, et bénéficie ou plutôt subit des conditions sociales d'existence identiques à celles de ce dernier, tant du point de vue du lieu de résidence, de la taille de la fratrie, que de celui des conditions socio-économiques.

Dans la majorité des cas, la victime subit les violences depuis un an ou moins : 64,4 % en révélation, 55 % en suspicion. Le plus souvent, elle est devenue victime à l'âge de douze à treize ans. La révélation ou suspicion de la part des travailleurs sociaux intervient en moyenne à l'âge de douze ans et demi. Toutefois, pour 49 % des révélations, celles-ci sont obtenues après l'âge de quatorze ans. Lorsqu'il y a plusieurs victimes pour un même auteur (soit 19,8 % des cas), la victime la plus jeune est âgée de neuf ans et demi en moyenne.

Dans une large mesure, la victime subit les violences sexuelles de son propre père (51 %) ou du conjoint ou concubin (non père) de sa propre mère (19 %).

Quand il y a révélation spontanée, la victime s'adresse majoritairement aux travailleurs sociaux de la Sauvegarde, qu'elle soit encore exposée ou non. Il convient de préciser ici qu'il s'agit d'enfants connus des services sociaux. Bien souvent, les premières manifestations sont décelées par le service social scolaire et/ou de polyvalence de secteur. La loi de juillet 1989 relative à l'enfance maltraitée permet alors d'opérer un signalement soit en direction du conseil général, soit auprès du procureur de la République. Le tableau ci-dessous fait ressortir toute l'importance du travailleur social dans la découverte des situations de violences sexuelles.

Lieux de révélation en fonction des caractéristiques des individus qui l'effectuent. (tableau des % en lignes, N total = 59)

	Services de police	Sauvegarde	Autres services sociaux	Médecin ou service de santé	Institution scolaire	Autre cas
Révélation par la victime encore exposée		42,1	10,5	15,7	31,5	
Révélation a posteriori d'une victime non exposée	10	70	10			10
Révélation par le conjoint de l'auteur	37,5	37,5		25		
Révélation par frère ou sœur d'une victime exposée	50	12,5	37,5			
Révélation par un autre membre de la famille	40	40		20		
Révélation d'un tiers institutionnel		25	25		50	
Révélation par un autre tiers		50			50	
TOTAL	17,7	41	12,5	10,7	16	1,7

Lire ainsi : Sur 100 révélations effectuées par des victimes exposées, 42,1 ont été recueillies par des membres de la Sauvegarde.

Le plus dramatique, c'est que dans 20,3 % des cas révélés, la victime subit de nouveau des violences de nature incestueuses ou à caractère sexuel. Plus rarement (5 % des cas), on assiste à la conception d'un enfant.

En ce qui concerne la défense de la victime en justice, seulement 11 % ont l'occasion d'être assistées d'un avocat, et moins de 7 % bénéficient d'un dédommagement économique quand l'auteur est condamné.

Enfin, pour ce qui est des mesures de protection accordées aux victimes, il apparaît que dans 23 % des cas, il n'y a pas d'éloignement réel entre la victime et l'auteur. Quand il survient, dans 50,8 % des cas, la victime est obligée de quitter son domicile d'origine (placement) alors que pour leur part, seuls 26,7 % des auteurs se trouvent contraints au déplacement (détention, interdiction de séjour).

3. L'inculpation de l'auteur

C'est une des mesures, nous le verrons plus loin, qui favorise la protection des victimes. Quand aucune inculpation n'est prononcée, seuls 28,5 % des mineurs font l'objet d'une réelle mesure de protection. Dans l'enquête, il a été recherché les facteurs favorables et défavorables à l'inculpation.

a) Facteurs favorables :

Nous en avons relevé six :

— il faut avoir affaire à une *révélation*, de préférence recueillie par les services de police ou de gendarmerie. Les révélations recueillies par les services sociaux, nous l'avons vu précédemment, ont plus de chances de laisser l'auteur en liberté ;

— l'âge de la victime est aussi déterminant quant aux chances d'inculpation, l'âge le plus favorable pour qu'un auteur soit poursuivi étant huit ou neuf ans ;

— la dénonciation a plus de chance de produire des effets si elle est opérée par un frère ou une sœur de la victime. La mère et la victime elle-même semblent moins crédibles ;

— les auteurs les plus inculpés sont toujours des familiers non parents (amis de la famille), alors que les pères, qui sont les auteurs les plus fréquents et les plus nombreux de violences sexuelles, se trouvent beaucoup plus à l'abri de toute espèce de poursuites. Comme l'écrit F. Joignot[31] : « La justice hésite depuis toujours à intervenir dans des drames si privés, si intimes. On préfère envoyer les travailleurs sociaux tenter de dénouer ces tragédies au fin fond des bocages. Cela fait des siècles que les juges ne se mouillent pas dans les affaires d'inceste. Ils crai-

31. F. Joignot, « Un monstre abominablement normal », *Actuel*, septembre 1986, p. 112.

gnent trop de détruire les villages : pour un père condamné, toute la honte de l'inceste retombe sur les frères, les fils, les cousins et bien sûr les mères... » ;
— l'aveu de l'auteur est un facteur influent sur l'inculpation, pour peu que cet aveu soit recueilli au cours d'un interrogatoire de police ou de gendarmerie. De la même manière, l'absence de rétractation de la victime et de négation par le conjoint favorise le déclenchement d'une procédure judiciaire ;
— la plainte du conjoint de l'auteur est aussi un facteur déterminant de l'inculpation de l'auteur de violences sexuelles.

b) Facteurs défavorables

Ils sont au nombre de cinq :
— le père de la victime se trouve moins exposé à des poursuites pénales qu'un ami de la famille considérée ;
— une séparation des parents de la victime constitue un frein à l'inculpation. Tout semble se passer comme si l'accusation était interprétée comme une accusation portée par un conjoint déçu qui chercherait, en quelque sorte, « à régler ses comptes » ;
— une inculpation a d'autant moins de chance d'intervenir que la découverte des violences sexuelles aura été réalisée lors d'une enquête sociale ;
— l'âge de la victime joue aussi un rôle déterminant dans l'inculpation. Si la victime a quinze ans ou plus, les chances d'inculpation diminuent, de même si l'écart d'âge est faible entre la victime et l'auteur ;
— en dernier lieu, l'absence de dépôt de plainte et d'aveu de l'auteur, sont des facteurs défavorables à l'inculpation.

4. La protection de la victime

a) Facteurs favorables aux mesures de protection :

Nous en avons relevé cinq à partir de l'enquête :
— le caractère urbain du lieu de résidence de la famille touchée par les violences sexuelles favorise la mise en œuvre de mesures de protection réelle du mineur en danger. Les structures de prises en charge sont aussi plus nombreuses qu'en milieu rural ;
— contrairement aux facteurs favorables à l'inculpation, d'où différences de perception entre fonctionnaires du judiciaire et travailleurs sociaux, la révélation spontanée d'une victime est généralement suivie d'effets, surtout si elle se trouve encore exposée ;

— l'inculpation de l'auteur et sa mise en détention préventive, par la distance qu'elle opère avec la victime, constitue la meilleure garantie de voir cette victime véritablement extraite de l'emprise de l'auteur ;
— on remarque que les mesures de protection sont plus facilement et plus fréquemment prises lorsque c'est un homme plutôt qu'une femme qui reçoit en premier la révélation ;
— enfin, l'âge de l'auteur de violences sexuelles a une certaine importance puisqu'on remarque qu'une victime bénéficie de plus fortes chances objectives de se voir protégée si l'auteur est âgé de cinquante à cinquante-cinq ans.

b) Facteurs défavorables aux mesures de protection

Nous en avons relevé trois :
— l'absence de révélation et de suites judiciaires freinent les possibilités d'application de mesures de protection ;
— la protection de la victime est souvent moins bien assurée quand l'auteur est le concubin de sa mère ;
— une victime masculine s'avère moins protégée qu'une victime féminine.

La conclusion qu'impose la matérialité des faits observés est que les travailleurs sociaux sur la base d'une seule suspicion n'ont que peu de chances d'obtenir une protection réelle des mineurs et/ou un traitement judiciaire des affaires si aucune révélation n'est obtenue. Les trois tableaux synthétiques présentés ci-dessous attestent de cette réalité en soulignant par ailleurs que, même en cas de révélation, la protection du mineur en danger est loin d'être toujours assurée, particulièrement quand l'auteur n'est pas éloigné du domicile de sa victime par une quelconque mesure.

Mesures de protection des victimes ou non
en fonction du type de cas.
(tableau des % en ligne sur la population totale, N = 99)

	Mesure de protection (ou auto-éloignement)	Pas de mesure ou maintien au domicile
Une révélation	40,9	59
Une suspicion	26,1	73,8
Total	34,9	65

Devenir judiciaire des cas de violences rencontrées à la Sauvegarde en fonction de leur type. (tableau des % en ligne sur la population totale N=99)

	Une révélation	Une suspicion	Total
Aucune suite judiciaire	40,2	95,1	61,1
Condamnation pour attentat à la pudeur	22,3	0	13,8
Condamnation pour viol (toutes formes)	8,9	0	5,5
Information au parquet seulement	10,4	0	6,4
Non lieu	4,4	2,4	3,7
Interdiction d'hébergement ou de séjour	13,4	2,4	9,2

Mesures d'urgence prises contre les auteurs en fonction du type de cas. (tableau des % en ligne sur la population totale N=99)

	Laissé en liberté	Placé en garde à vue seulement	Placé en détention préventive
Une révélation	54,7	3,7	41,5
Une suspicion	100	0	0
TOTAL	64,1	2,9	32,8

Les résultats de l'analyse statistique à visée plus objective viennent corroborer les propos recueillis lors des entretiens avec les travailleurs sociaux. Dès lors, il devient possible de synthétiser les questions essentielles qui se posent aux travailleurs qui ont à connaître les situations de violences sexuelles : la révélation, la protection de la victime, le suivi (ou non) de la victime, le travail de partenariat (justice, police, médecins, services sociaux).

Les questions qui se posent aux travailleurs sociaux

La révélation

La révélation de violences sexuelles sur mineur est une situation professionnelle délicate dans laquelle les intervenants doivent veiller à la protection et à l'intérêt de l'enfant en même temps qu'à une articulation adaptée et précise entre l'action éducative et la justice.

Dans ce contexte, les travailleurs sociaux éprouvent souvent un malaise car ils se trouvent en situation à la fois d'aider et de punir et ils savent qu'ils vont être confrontés à une crise familiale grave. Ils sont face à une révélation qu'ils ne peuvent ignorer en même temps que face à un système familial qui, généralement, demande à être protégé du risque d'éclatement. Que ce soit l'abusé qui dévoile ou un autre membre de la famille, la situation est presque toujours présentée de manière paradoxale : « Il faut faire quelque chose, mais il ne faut rien casser dans la famille ». Ce double message indique le besoin d'être entendu tout en ne dérangeant rien ou même que ces violences sexuelles cessent sans qu'on en parle à l'agresseur.

Or, face à une révélation d'inceste, les travailleurs sociaux[32] n'ont pas le choix : *ils doivent impérativement signaler sans délai à l'autorité judiciaire*[33]. Un travailleur social qui ne dévoilerait pas des violences sexuelles deviendrait complice et encourrait des poursuites judiciaires.

Un signalement écrit et précis doit donc être transmis rapidement au procureur de la République.

Les intervenants se trouvent aux prises avec cette obligation de signalement dans un délai très court et un minimum de préparation de la victime à la crise familiale et aux conséquences possibles que va déclencher ce signalement : nécessité de placement de la victime, incarcération de l'auteur des violences sexuelles, rupture du couple parental, etc. La gestion de ces différents niveaux constitue une difficulté spécifique pour les travailleurs sociaux.

Pourtant, le fait de saisir la justice doit permettre de commencer à déculpabiliser la victime en redonnant sa responsabilité à l'agresseur. En outre, les travailleurs sociaux ne doivent pas perdre de vue qu'ils transmettent la révélation de l'enfant mais qu'en aucun cas ils n'ont à apporter la preuve des faits.

32. qui agissent, dans notre service, sur mandat de justice.
33. Art 62 du Code pénal et art. 69 de la loi du 10 juillet 1989.

L'intervenant doit donc préciser les limites de son action tout en rappelant l'interdit et la loi, car bien souvent la victime, l'auteur de violences et sa famille ne mesurent pas la gravité de l'acte et banalisent la nécessité qu'il soit sanctionné par la société.

Face à la complexité des cas de violences sexuelles, les travailleurs sociaux éprouvent des difficultés à appréhender et à traiter de façon cohérente, organisée et humaine, ces situations familiales toujours caractérisées par une très grande souffrance.

Il est donc primordial que l'intervenant ne soit pas seul en présence de ce type de problématique et qu'il puisse s'appuyer sur une équipe afin de ne jamais perdre de vue l'objectif essentiel de protection de l'enfant, tout en ajoutant un second objectif : éviter toute récidive. Que la famille reste unie ou non ne doit pas être le problème des intervenants. C'est l'enfant qui compte avant tout et le mandat de protection au sens de la loi en est une indication claire.

Mais les difficultés d'intervention nécessitent que les travailleurs sociaux soient particulièrement sensibilisés et formés pour faire tomber leurs propres tabous, maîtriser leurs émotions et développer une réponse professionnelle adaptée et ajustée aux besoins de l'enfant.

La protection de la victime

Les travailleurs sociaux ont pour rôle essentiel d'accompagner l'enfant et de lui apporter leur soutien dans le long cheminement qui suit le dévoilement.

La révélation se fait le plus souvent dans un climat de peur. Il y a donc lieu d'aider la victime à percevoir que dévoiler c'est la seule façon de se protéger.

L'intervenant doit aussi s'engager auprès de l'enfant à lui apporter soutien et protection. S'il existe des menaces de violences physiques, l'enfant pourra être mis à l'abri et protégé physiquement. Cet aspect devra être négocié avec l'enfant pour qu'un éventuel éloignement ne soit pas vécu comme une punition. Il sera également très important de voir avec lui, sur qui il peut éventuellement compter dans sa famille, quelles solutions il envisage lui-même pour se protéger et se sentir en sécurité.

Dans tous les cas, il est nécessaire d'évaluer « l'emprise » du père ou de l'agresseur. « L'emprise » est le degré d'influence et de domination exercé par ce père et qui crée une forte dépendance psychologique chez l'enfant. Comme le soulignent

Reynaldo Perrone et Martine Nannini[34] l'emprise est une « forme extrême de relation inégalitaire qui se caractérise par l'influence qu'un partenaire exerce sur l'autre, et ceci à l'insu de ce dernier ». Il convient donc d'évaluer avec l'enfant si l'emprise du père est prégnante au point de provoquer chez lui une terreur de nature à mettre en péril sa tentative de sortir de sa « prison psychologique ». L'intervenant doit alors aider l'enfant à trouver des forces, en évoquant tous les scénarios possibles avec le père et en cherchant avec l'enfant comment concrètement il peut faire ou ce qu'il demande pour être protégé.

Lorsqu'il existe des craintes de violence du père, il faut mettre en place pour l'enfant un dispositif de sécurité suffisant en ne minimisant jamais les réactions violentes des pères ou beaux-pères. Nous savons aussi que les agresseurs ont en général une grande emprise sur leur victime, exercent des peurs ou des pressions qui peuvent conduire l'enfant à une rétractation, c'est-à-dire à terme à une absence de protection.

Le délai de signalement court a pour but de protéger la victime et d'empêcher l'agresseur de continuer. Lorsque celui-ci est rapidement éloigné de la victime par sa mise en examen, et une détention préventive, la protection immédiate de la victime (quand elle est nécessaire) est assurée.

Si cet éloignement de l'auteur n'a pas lieu, le travailleur social doit parfois envisager le placement de la victime. Cette décision, même si elle est nécessaire, représente en général une situation ressentie comme injuste puisque c'est la victime qui doit quitter sa famille pour être mise à l'abri afin d'être protégée physiquement. Les intervenants se trouvent alors confrontés à une absence de structure adaptée et spécifique. Ils doivent, selon les situations et l'âge de la victime, solliciter un service hospitalier, le foyer de l'enfance, une famille d'accueil, un foyer éducatif, un lieu de vie...

D'autre part, à partir du moment où la « machine judiciaire » est saisie, nous savons que l'enfant sera soumis dans l'objectif de la recherche de la vérité, à de nombreux entretiens (gendarmes, médecins experts, juges...) dans lesquels sa parole sera mise en doute. En effet, l'inceste est un crime le plus souvent sans preuves. De ce fait, il est fréquemment nié par l'agresseur qui affirme que l'enfant ment (90 % des cas) et les

34. Reynaldo Perrone, Martine Nannini. 1995. *Violence et abus sexuels dans la famille*. Paris, ESF.

interrogations sont en général une véritable épreuve supplémentaire à subir pour la victime.

L'enfant est donc amené à se rétracter par peur des menaces et des pressions auxquelles il est soumis. Les travailleurs sociaux doivent être un pilier de soutien dans ce climat d'insécurité.

La prise en charge de la victime

Lorsque l'enfant a révélé les faits, il est d'une extrême importance de le croire. En effet, si dans la première expérience où l'enfant se livre, il sent que l'adulte doute, tous les mécanismes de culpabilité et de confusion vont se renforcer et l'enfant ne prendra probablement plus le risque de parler. L'enfant a besoin de rencontrer un adulte sur qui il sentira qu'il peut s'appuyer parce qu'il se sent respecté.

Le travailleur social doit donc être convaincu qu'en confiant son secret, l'enfant lui accorde sa confiance et qu'en retour, il attend une aide. Le fait d'entendre l'enfant et de le croire est la première démarche d'aide qui détermine la suite du processus, et amorce une nouvelle confiance dans l'adulte.

Les travailleurs sociaux dépositaires du « secret » deviennent donc des adultes-ressources pour la victime. Dès lors, ils sont le pilier de l'intervention et l'enfant attend aide et soutien, au travers de la relation privilégiée. Les précautions de soutien et de réassurance étant prises, l'intervenant doit expliquer à l'enfant que les violences sexuelles sont un acte puni par la loi, qu'il est destructeur et provoque une énorme souffrance affective. C'est la raison pour laquelle après avoir opéré le signalement à la justice, il va mettre en œuvre une aide psychologique afin d'atténuer cette souffrance.

Or, les travailleurs sociaux ignorent toujours si leur légitimité d'intervention accordée par le mandat du juge des enfants sera maintenue au cours de la procédure. L'arrêt de la mesure d'action éducative met l'intervenant en porte à faux car elle est vécue par l'enfant comme une trahison et un abandon. Le maintien de la mesure permet au contraire à la victime de « s'appuyer » sur un adulte extérieur à la famille.

En outre, la relation à l'éducateur est un lieu de parole continu et personnel entre famille et justice, et la permanence de l'intervenant permet d'informer l'enfant sur le déroulement de la procédure et d'évacuer ses angoisses.

De ce fait, la tâche des travailleurs sociaux est particulièrement difficile lorsque les autres instances n'acceptent aucun échange pour information ou manquent de coordination. Il devient alors impossible de donner des éléments clairs et rassurants à l'enfant.

Le partenariat

Un signalement de violence sexuelle sur un enfant doit déclencher enquête et action judiciaires.

Une famille incestueuse est une famille où il y a déni et confusion des rôles et de la hiérarchie, d'où l'importance de ne pas reproduire ce déni et cette confusion dans la procédure judiciaire. La police et la justice ont alors pour rôle de faire intervenir la loi dans une famille où elle n'existe pas. L'inceste est une transgression, qui nécessite impérieusement une réponse judiciaire.

Les services de police et de gendarmerie (brigade des mineurs, brigade des recherches) ont un rôle déterminant. Ils peuvent mener des actions très adaptées pour rechercher des preuves, ce qui permet la qualification de l'acte — délit (agression sexuelle), crime (viol) —, et favorise les suites judiciaires avec poursuite de l'auteur. Car, si la loi est claire sur l'obligation d'information au procureur de la République ou au juge des enfants, elle l'est beaucoup moins, sur les suites à donner. Les travailleurs sociaux se trouvent donc dans nombre de situations de violences sexuelles paralysés dans leur rôle de protection soit parce qu'aucune suite n'est donnée au signalement, soit parce que l'enquête n'est déclenchée que dans un délai très long après le signalement (jusqu'à six mois). Or dès la révélation, l'enfant peut se trouver en danger et il est important pour sa protection que la mise en examen ait lieu dans des délais brefs.

Le magistrat qui reçoit un signalement de violences sexuelles sur un mineur devrait protéger rapidement la victime tout en cherchant à obtenir les éléments permettant d'établir la véracité des faits. Dans un tel contexte, il y a nécessité d'agir vite tout en respectant les libertés individuelles et en particulier la présomption d'innocence tant que des preuves tangibles ne sont pas apportées au dossier.

Or, c'est toute la difficulté des situations d'inceste où, dans la plupart des cas, il n'y a pas de témoin et où c'est le plus souvent la parole de l'un contre le parole de l'autre[35], la parole d'un

35. A l'exception d'examens médicaux pratiqués immédiatement après le viol, ce qui est rare dans les situations d'inceste.

enfant contre celle d'un adulte. Les auteurs de tels actes l'ont bien compris. Ils ne manquent pas, dans la plupart des cas, de nier les faits. Ce procédé constitue pour eux un mode de défense fort efficace mais qui entraîne des ravages chez la victime qui se sent doublement trahie.

Lorsque le juge n'a pas assez d'éléments probants (par exemple après enquête rapide de la brigade des recherches) pour inculper l'auteur et donc l'éloigner du milieu familial, ou bien en l'absence de ces éléments mais compte tenu du risque important à maintenir la victime auprès de l'agresseur, une collaboration étroite doit s'installer entre le juge d'instruction (si une procédure est ouverte sur décision du procureur de la République) et le juge des enfants chargé de la protection du mineur.

Le cloisonnement des juridictions entraîne parfois de grandes difficultés supplémentaires pour la victime. Quand il y a peu de coordination entre les différents intervenants, l'enfant se trouve « ballotté » entre eux sans comprendre ni le sens ni la nécessité de cette procédure qui l'angoisse, ni le rôle de chacun.

Ainsi, lorsque le délai entre le signalement et la mise en examen est très long (entre deux et six mois), les travailleurs sociaux ne sont plus informés et il devient extrêmement difficile pour eux d'avoir une action de protection cohérente : « Que peuvent-ils dire à l'enfant si eux-mêmes ne savent rien ? ».

Plus grave, lorsqu'aucune suite n'est donnée à un signalement, quel crédit les travailleurs sociaux peuvent-ils garder aux yeux des victimes ?

La succession d'interrogations avec la police puis la série d'entretiens avec le juge d'instruction, les divers examens médicaux, les expertises psychologiques ou psychiatriques peuvent provoquer de nouvelles blessures en cascade chez la victime qui n'est pas préparée. Les angoisses, les peurs et le découragement envahissent l'enfant qui est amené à se rétracter « pour en finir avec tout ça ».

Le centre des Buttes-Chaumont propose dans son protocole l'enregistrement de l'audition de l'enfant pour lui éviter ces interrogations à répétition. Mais cette pratique est généralement peu ou pas appliquée en France et n'a pas de réelle valeur juridique.

De toutes les obligations faites à l'enfant pour les besoins de la procédure, la confrontation avec l'auteur est le plus difficile à vivre. Se retrouver face à un père qui nie ou qui menace cause à l'enfant un nouveau traumatisme.

En ce qui concerne les examens médicaux, ils sont également source de perturbations quand ils sont effectués par des médecins peu sensibilisés à ces problèmes d'inceste. En particulier quand il s'agit d'enfants jeunes, il est d'une grande importance de les préparer et de pratiquer ces examens avec tact et psychologie.

Depuis la loi du 10 juillet 1989, le conseil général s'est vu confié la responsabilité de prévenir les situations d'enfants victimes de mauvais traitements en œuvrant en concertation avec le représentant de l'Etat et les associations concourant à la protection de l'enfance et de la famille. Dans la pratique, des efforts sont encore à faire sur le plan de la coordination des acteurs concernés.

Ces difficultés rencontrées par les travailleurs sociaux se retrouvent au niveau des familles. L'inceste ne se produit pas par hasard. Il nous a semblé intéressant de repérer les différents types d'organisations familiales à risques incestueux ainsi que les conséquences des violences sexuelles sur les victimes et leur entourage.

Chapitre 2

Les violences sexuelles dans les familles

Les organisations familiales à risques incestueux

Le passage à l'acte incestueux n'arrive pas dans n'importe quelle famille. Les différentes situations avec lesquelles nous avons travaillé nous montrent que certains types d'organisation apparaissent comme plus fragiles que d'autres.

Nous avons, à partir des cas suivis, procédé à un inventaire des modèles d'organisation familiale dans lesquels l'inceste père-fille s'est produit. Ces modèles d'organisation vont tenir compte de la relation mise en place par le couple, des relations de chacun des conjoints avec sa famille d'origine et bien sûr des relations entre les parents et les enfants.

Au cours de l'exposé de ces situations, il sera aisé de constater que lorsqu'il y a incohérence entre les instances sociales et judiciaires, l'enfant va être doublement traumatisé : par l'acte dont il a été victime et par le manque de protection de la société.

Nous constatons que lorsque l'enfant aura la possibilité d'être cru, soutenu par ses proches et que l'auteur des faits pourra être sanctionné par les instances judiciaires, un travail de restauration des relations sera possible tant auprès de la victime que de sa famille.

Ces cas ne concernent pour l'essentiel que des incestes père-fille (un cas d'inceste père-fils) reflétant en cela les statistiques connues, soit 95 % d'inceste père-fille.

Nous n'en concluons pas que l'inceste mère-fils n'existe pas. Mais notre pratique ne nous a pas permis d'en avoir une connaissance suffisante pour en parler avec pertinence. Peut-être est-il encore plus caché que l'inceste père-fille ? Quant à l'inceste entre frère et sœur, il existe avec une fréquence difficile à identifier. Souvent, le père a commencé à avoir des relations sexuelles avec sa ou ses filles. Ensuite et cela est significatif d'un rapport à la loi perturbé dans ces familles, les frères vont à leur tour prendre le relais en violentant leur sœur.

Nous proposons d'étudier chacun de ces modèles d'organisation en les illustrant des cas cliniques que nous avons rencontrés.

Quand la mère est prépondérante et que le père se sent exclu

Dans ce type de famille la mère occupe une place importante auprès des enfants dont elle est l'interlocutrice principale. Le père, davantage à l'extérieur, a progressivement démissionné de son rôle paternel du fait de son investissement professionnel et extra-familial. Plusieurs facteurs peuvent conduire à cette démission. Parfois le père est très actif socialement et très pris par sa profession et tout ce qui concerne les enfants et la maison est délégué à la mère qui trouve d'importants bénéfices dans cette place. Un accord tacite est passé : le père, à l'extérieur, est chargé de ramener l'argent, la mère, à l'intérieur, est responsable du bon fonctionnement domestique. Cet accord, bien sûr, ne peut aboutir à l'inceste que si parallèlement un fossé s'est creusé entre le père et la mère, qui non seulement ont séparé leur terrain d'action, mais se sont aussi émotionnellement séparés tout en restant ensemble. Le cas de la famille Adam illustre ce type d'organisation.

Lorsque Monsieur Adam rencontre sa future femme, il compte sur elle pour l'aider à quitter sa famille et probablement aussi pour l'aider à se valoriser et obtenir une plus grande estime de lui-même.

Etouffé dans sa famille, il a pour mission de reprendre les terres et de poursuivre le métier d'agriculteur de son père, alors que son frère et sa sœur vont faire des études à l'extérieur. Il s'apprête à suivre l'injonction familiale sans grand enthousiasme quand, dans l'année qui suit son mariage, il refuse cette trajectoire tracée et décide d'aller travailler dans une boulangerie industrielle proche de son domicile.

Sa famille ne lui pardonne pas cette trahison dont elle rend responsable la belle-fille considérée comme l'instigatrice de cette bifurcation. Celle-ci niera avoir fait pression sur son mari dans cette décision. Elle sera toujours mal perçue par sa belle-famille et exclue de toutes manifestations familiales. Elle évoque les jours de Noël où son mari, invité dans sa famille à condition qu'il vienne avec ses enfants mais sans sa femme, elle restait à seule à la maison.

Les ressentiments mutuels et les conflits vont s'accumuler comme autant de comptes non soldés. Monsieur Adam est toujours étouffé par sa propre famille et il reproche à sa femme, à la fois de ne pas avoir été assez forte pour le libérer, mais aussi de ne pas avoir su se faire accepter dans cette famille. Madame Adam est en effet prise dans une demande paradoxale de la part de son mari : l'aider à partir, tout en lui permettant de rester.

Elle-même est très liée à sa famille d'origine qu'elle voit régulièrement avec ses enfants et son mari. Elle ne parlera que très peu de ses déceptions conjugales à ses parents mais s'investira fortement dans son rôle de mère. Les enfants vont être le moyen pour elle de se consoler de ses insatisfactions conjugales. Mère et enfants se coalisent en clan contre le père. Ce dernier va progressivement s'installer dans l'alcoolisme, que ce soit en buvant avec les copains ou avec les membres de sa famille d'origine.

La famille Adam habite une maison en face de celle de la famille du père. Les relations deviennent si tendues que les parents de Monsieur Adam ne vont plus adresser la parole à leur belle-fille et que leurs petits-enfants, dans leur souci de loyauté avec leur mère, vont réagir en ne leur parlant plus.

Le concept de loyauté est développé par Nagy[1] et repris par Magda Heireman[2] : « La loyauté est une force régulatrice des systèmes. Le vassal devait fidélité, assistance et biens au suzerain qui le protégeait. Sans cette réciprocité, la survie était compromise ».

En ce qui concerne les enfants Adam, ils sont soumis à une « loyauté clivée ». « Le clivage a lieu quand les parents imposent à l'enfant des exigences conflictuelles, d'une telle façon qu'en étant loyal envers un de ses parents, il est automatiquement déloyal avec l'autre ». Cette « loyauté clivée » a des conséquences graves sur la personnalité de l'enfant, en particulier du fait que sa confiance en l'adulte est profondément atteinte ».

La situation de Monsieur Adam devient de plus en plus tendue entre sa propre famille et sa famille d'origine. Insatisfait de ses relations avec ses parents, il l'est aussi de ses relations avec sa femme et

---

1. Boszormenyi-Nagy, *Invisible Loyalties : Reciprocity Intergenerational Family Thérapy*, New York, Harper and Row, 1973.
2. Magda Heireman, *Du côté de chez soi*, ESF, 1989, pp. 47 et 52.

ses enfants. Il devient un homme exclu, dévalorisé, qui en se réfugiant dans l'alcoolisme ne fait qu'amplifier son malaise.

Une règle interactionnelle se met en place : tout semble aller et rien n'apparaît à l'extérieur. On n'aborde pas les conflits internes ni les mésententes. C'est la loi du silence qui permet d'étouffer les différends et les ressentiments.

Cinq enfants sont nés de cette union particulière : deux garçons et trois filles. C'est lorsque le deuxième enfant (Dominique, première fille) a treize ans, que Monsieur Adam va commettre à trois reprises un acte incestueux envers elle. C'est quand il a bu qu'il abuse d'elle et très vite l'adolescente va parler à sa mère qui, au cours d'un examen médical, va avoir confirmation des dires de sa fille.

Madame Adam dira ensuite sa sidération et sa difficulté à admettre un telle réalité. Elle n'en parlera pas à son mari et laissera le médecin faire un rapport au procureur sans elle-même participer à la plainte. Monsieur Adam, arrêté et emprisonné sera lourdement condamné aux assises pour ses actes. C'est à cette période de l'histoire de cette famille que nous interviendrons dans le cadre d'une AEMO[3].

Monsieur Adam, est alors emprisonné et la mère et les enfants sont profondément désemparés à des degrés divers par cet épisode. Madame Adam, marquée par l'aspect social de l'acte, parle de sa honte et de l'image ternie de son rêve familial. Le fils aîné, Patrick, qui a quinze ans à l'époque, est doublement en colère : contre son père dont il refuse d'admettre qu'il ait commis un tel acte et contre sa sœur, qu'il considère à l'origine de la rupture familiale.

L'adolescente violentée, Dominique, très inhibée au début, va exprimer progressivement ce qu'elle a vécu avec beaucoup d'agressivité envers son père. Sa mère sera toujours protégée et ne sera jamais remise en cause par elle.

Les autres enfants plus jeunes sont très atteints par la cassure familiale et très sensibles aux réactions de l'environnement.

L'emprisonnement d'un père pour passage à l'acte incestueux n'est pas très fréquent dans cet environnement social traditionnel. Non pas que l'inceste n'y existe pas, mais il y est rarement révélé. Sa mise en évidence sociale va être difficile à vivre par la famille Adam, par ailleurs considérée comme une « famille honorable » malgré l'alcoolisme du père. Nous avons alors comme objectif de permettre l'expression de chacun, y compris celle du père que nous rencontrons en prison et nous nous attachons à ce que chacun puisse entendre le souhait de l'autre pour lui-même et la famille. Ces souhaits seront bien sûr contradic-

---

3. Action éducative en milieu ouvert.

toires et leur révélation sera l'occasion de la mise en évidence de tensions importantes.

Par exemple Dominique dira clairement son souhait que son père ne revienne pas reprendre sa place au sein de la famille. Son frère Patrick réagira vivement en émettant le souhait inverse. Madame Adam sera longtemps ambivalente, partagée entre son désir de se séparer de son mari, dont elle condamne l'attitude, et son besoin de maintenir les liens familiaux, au nom de ses valeurs religieuses et traditionnelles. Sa relation avec sa fille, dont elle est proche, la force un temps à opter pour la séparation. Son sens du devoir et probablement la croyance au changement de son mari la fera choisir la reprise de la vie commune. Ce choix se fera à la suite d'entretiens avec nous et ses enfants.

Monsieur Adam sera libéré six ans après les faits. Le fils aîné, Patrick, a choisi d'être apprenti menuisier et il a quitté sa famille depuis deux ans avec des retours réguliers pour les vacances. Dominique est tout juste majeure, elle est en terminale et envisage de devenir institutrice. Les trois autres enfants sont devenus adolescents, ils s'inquiètent de ce retour, plus particulièrement les deux filles qui expriment clairement le fait que leur père ne fasse pas avec elles « la même chose qu'avec Dominique ». La mère et les enfants, sauf Dominique, ont régulièrement rendu visite au père en prison.

Si la décision de reprise de vie commune a bien été prise par Madame Adam, l'imminence du retour du mari la rend très angoissée.

Durant son incarcération, elle a pris de nombreuses décisions dont le départ de la maison achetée avec son mari (en face de la famille de celui-ci) et la vente de celle-ci. Elle travaille comme aide-ménagère et a acquis une certaine indépendance financière. Elle reconnaît avoir réorienté sa vie et craint le retour de son mari. Elle redoute aussi de perdre la relation de confiance avec Dominique qui, plus ou moins secrètement, a cru que jamais son père ne reviendrait dans la famille.

En fait, la prépondérance que Madame Adam avait auprès des enfants n'a fait que s'accroître en même temps que la distance du père par rapport à eux. Le choix de reprendre la vie commune, bien que désiré par chacun des conjoints, leur apparaît à l'un et à l'autre lourd de conséquences.

Nous sommes sollicités par les deux parents au moment des visites de Monsieur Adam dans la famille, l'année précédant sa libération définitive, pour une nouvelle intervention. Durant cette année Monsieur Adam fera la démarche de rompre avec sa famille d'origine en leur écrivant les griefs qu'il a contre eux, et en leur signifiant le choix qu'il fait de vivre avec sa femme et ses enfants. Il leur explique l'impossibilité dans laquelle il se trouve de vivre en même temps avec sa propre famille et sa famille d'origine.

Lors du retour final de Monsieur Adam au foyer, un certain nombre de problèmes surgiront : l'impossibilité pour Dominique de trouver la juste distance avec son père et ses attaques répétées envers lui, la peur des deux adolescentes filles qui met le père mal à l'aise, l'indépendance de Madame Adam qui oblige son mari à trouver une place différente du passé et la crainte d'une rechute dans l'alcool. Tous ces problèmes seront, avec notre aide, traités les uns après les autres, mais non sans souffrance pour chacun.

Cette famille se reconstruira peu à peu un nouvel équilibre sans dénier pour autant le passé. Le nouvel équilibre se fera avec des retours sur les faits et éléments entravant de nouvelles interactions tant de la part des parents que des enfants.

Si cette famille a pu retrouver de nouveaux modes relationnels et une vie plus satisfaisante, c'est à partir des ressources de chacun de ses membres et, malgré l'épisode incestueux, d'une profonde reconnaissance mutuelle.

Si l'inceste est un drame et l'indice de dysfonctionnement familial évident, il n'en reste pas moins possible que dans certaines situations, des familles, comme la famille Adam, peuvent dépasser ces événements, sans pour autant les oublier, et retrouver une certaine harmonie.

Cette situation illustre un fonctionnement concerté entre la famille, la justice et les travailleurs sociaux. D'autre part, nous relevons deux éléments essentiels pour une possible restauration à la suite de l'inceste. La victime, quand elle dévoile les faits, est crédible pour son entourage. L'auteur reconnaît ses actes et considère la sanction comme inévitable.

Nous avons repris deux fois contact avec cette famille (six mois après, et deux ans après) et nous avons eu confirmation que chacun évoluait positivement. Patrick continue à s'investir professionnellement et réussit brillamment. Dominique a terminé ses études d'institutrice et vit avec un ami. Les trois autres enfants ne posent pas de problèmes particuliers et les parents confirment leur entente et leur satisfaction conjugale et familiale.

L'inceste et les violences sexuelles n'existent pas que dans les familles marginalisées, là où l'alcool et le chômage créent des tensions et des difficultés d'insertion sociale. Souvent ces violences sont moins connues dans les familles de classes moyennes ou supérieures car le dévoilement ne s'y fait pas si facilement. Cependant, il arrive que dans ces familles, une succession d'événements donne lieu à la connaissance de violences. La famille Damaury en est un exemple.

Nous intervenons dans cette famille à la demande du juge des enfants suite à une hospitalisation en psychiatrie de Madame Damaury. Cette hospitalisation a pour effet de révéler d'importants désaccords au sein du couple. Monsieur Damaury, arguant de la maladie mentale de sa femme, demande la garde de ses cinq enfants. Ces derniers refusent avec beaucoup de force cette solution. Dès les débuts de notre intervention dans cette famille, nous allons être confrontés à des faits étranges.

Madame Damaury a été hospitalisée d'office (avec la signature du maire de la commune) en psychiatrie car elle est considérée comme dangereuse pour elle-même et son entourage. Ce danger a pour origine un « délire mystique » survenu quelques semaines auparavant. Il s'avère que le mari a été très actif dans cette hospitalisation, qu'il a beaucoup influencé le maire de la commune, étant donné sa position sociale importante (il dirige une des entreprises les plus importantes de la région).

Au cours de son hospitalisation, le médecin psychiatre qui l'examine conclut que Madame Damaury ne présente aucun trouble psychiatrique et que son comportement normal ne justifie pas la poursuite de l'hospitalisation qui aura duré quelques jours. Madame Damaury demande le divorce, et engage une procédure judiciaire contre le maire et le mari qui l'ont internée arbitrairement.

C'est alors que nous rencontrons cette famille dont nous allons découvrir l'organisation chaotique sous des apparences sociales normales.

Monsieur Damaury a brillamment réussi professionnellement. Il fait parti du réseau des notables de la région et est reconnu pour son dynamisme de chef d'entreprise et ses actions dans les instances de décision de son secteur. Fils aîné d'une famille de la vieille noblesse de province, il est adulé par une mère possessive et déçu par sa vie conjugale. Très attaché à cette mère avec qui il communique régulièrement, il lui demande conseil pour tout ce qui concerne sa famille.

Au début de sa rencontre avec sa femme, il va tenter de prendre quelque distance avec sa mère. Mais ce sera une période de courte durée car cette dernière va très vite reprendre l'ascendant sur son fils en critiquant sa belle-fille. Madame Damaury est issue d'une famille d'intellectuels libéraux. Elle a fait des études supérieures, est indépendante et a vécu très librement jusqu'à sa rencontre avec son mari, par l'intermédiaire de compétitions de tennis.

Elle dira avoir été séduite par les côtés sportif, prévenant et entreprenant de cet homme, mais aussi par son titre de noblesse. Lui, dira avoir été attiré par cette femme anti-conformiste et fantaisiste, si différente des femmes de son milieu et en particulier de sa mère.

Sans doute compte-t-il sur elle pour l'aider à se libérer de l'emprise que sa mère exerce sur lui. Très vite, il sera pris dans un étau. Sa mère rejette sa femme qui rejette sa mère. S'il se rapproche de l'une, c'est pour s'éloigner de l'autre. Néanmoins, Madame Damaury dira que les premières années de son mariage furent heureuses, les enfants et les mondanités aidant. Cinq enfants (une fille et quatre garçons) vont naître de leur union, dont des jumeaux.

L'origine des dissensions familiales n'est pas la même pour Monsieur ou Madame Damaury.

Du point de vue du mari, sa femme s'est progressivement éloignée en devenant de plus en plus active dans des cercles religieux, créant ainsi une rupture affective avec lui.

Du point de vue de l'épouse, Monsieur Damaury est très occupé par son travail et ses activités sportives. Ses nombreux déplacements entraînent des absences prolongées et un désinvestissement de son rôle de père et de mari. Tous les deux sont d'accord pour dire que leur vie sexuelle s'interrompt à la naissance du cinquième enfant.

C'est quelques années plus tard que Madame Damaury a des doutes sur le comportement sexuel de son mari et le soupçonne d'avoir des relations homosexuelles. C'est à ce moment qu'elle est hospitalisée en psychiatrie. Elle fera le lien entre ses doutes et le fait que son mari n'a pas supporté qu'elle l'interroge sur ses relations.

Nous intervenons donc dans ce contexte particulièrement tendu dans lequel les enfants sont utilisés comme enjeu du conflit conjugal. C'est à la rentrée des vacances d'été qu'elle a passées seule avec ses enfants, et quelques semaines après le début de notre intervention, que Madame Damaury sollicite d'urgence une rencontre avec nous. Elle nous fait part des révélations que lui a faites Pierre, âgé de dix ans, concernant des relations sexuelles avec son père. Durant les mêmes vacances, sa fille de douze ans, Emeline, lui parle des attouchements sexuels qu'elle a subis de la part de Monsieur Damaury. Madame Damaury est effondrée et souhaiterait n'avoir pas entendu, s'être trompée et demande qu'on l'aide à faire face.

Les dires de Pierre sont suffisamment précis pour que nous fassions un signalement au juge et qu'une enquête de police soit déclenchée. L'enquête n'aboutira qu'à constater qu'il est impossible de savoir la vérité, Monsieur Damaury niant toute participation et les examens médicaux ne pouvant fournir de preuve sûre. Tout le monde s'accorde pour penser que Monsieur Damaury n'a pu commettre de tels actes. Une expertise psychiatrique conclura au délire de Madame Damaury qui aurait influencé ses enfants.

Cependant, les enfants maintiendront toujours leurs versions des faits. Ils refuseront en bloc tout accès à leur père et manifesteront un tel attachement à leur mère, qu'aucune instance ne se permettra de les éloigner, malgré les résultats de l'expertise psychiatrique.

Nous accompagnerons ces enfants durant un an, jusqu'à leur départ du département. Leur amertume, leur souffrance et leur violence envers leur père seront source pour nous de bien des interrogations.

Si nous croyons un enfant quant il nous parle des violences subies et que nous ne pouvons le protéger car les instances concernées, en particulier la police et la justice n'accordent pas de crédit à la véracité de ses dires, nous sommes discrédités en tant qu'intervenant social.

C'est quelques mois après que cette famille a quitté la région que nous apprendrons que Monsieur Damaury a été interpellé dans le cadre d'une vaste enquête sur des réseaux de pédophilie.

Cet exemple illustre bien la difficulté de la société à envisager dans certaines couches sociales la possibilité de violences sexuelles. Monsieur Damaury était trop connu et important pour être soupçonné de tels actes.

Par ailleurs, se pose la question de l'avenir de ces enfants et plus particulièrement celle du garçon abusé, Pierre. Hyperprotégé par sa mère, instigué à détester son père, n'est-il déjà pas dans la reproduction de l'histoire familiale du père ? Et ce père, si l'on connaît son lien avec sa mère, qu'en était-il de son lien avec son père ?

Cette situation pose la question de la crédibilité de la violence sexuelle dans certains milieux. Comment imaginer que dans une famille aussi « bien », se soient passés de tels faits ? Les autorités locales, comme les experts ou les juges, n'ont pu envisager l'autre personnalité de Monsieur Damaury, celle de l'homme violent, destructeur, soumis à ses pulsions sexuelles, au point de ne pouvoir les contrôler auprès de ses enfants.

Il est important que les magistrats, comme les travailleurs sociaux ou les soignants modifient leurs croyances quant aux violences sexuelles, qui ne sont pas réservées aux familles dites asociales.

Quand le père domine et maintient sa famille sous la terreur

Dans cette organisation, le père jouit d'un sentiment de toute-puissance qu'il exerce sur sa famille. La mère peut accepter cette situation avec une soumission qui rend la relation complémentaire et où chacun des deux partenaires renvoie à l'autre l'image désirée. Les enfants vont être l'enjeu de cette relation qu'on peut qualifier de sadomasochiste. Dans d'autres types de familles, si le père a ce rôle terrorisant, la mère peut développer et ce, au fur et à mesure que les années passent, un sentiment de vengeance et utiliser les enfants dans ses tentatives de représailles envers le père. Barudy[4] appelle ces familles « rigides, absolutistes et totalitaires ». « Quand l'inceste se dévoile, ce père autoritaire et moralisant le niera en bloc, refusant de toutes ses forces d'avoir pu commettre une telle bassesse ».

Dans ces familles, le père se considère comme un maître tout-puissant au-dessus des règles sociales extérieures. L'injonction donnée à sa famille pourrait se résumer ainsi : « Vous n'êtes rien en dehors de moi. Vous me devez obéissance. Tout ce que je fais est bien pour vous, y compris, vous battre et vous abuser ».

Souvent ce père a été lui-même un enfant sans loi dans sa famille d'origine, dont la règle était : « Tout est possible en famille et rien ne peut vous arriver de mal du moment que ça se passe chez nous ». Cette règle va être celle qu'il va tenter d'imposer à sa conjointe et à ses enfants. La femme qui va se soumettre à ces règles n'a pas obtenu dans sa famille d'origine la légitime reconnaissance qui permet l'estime de soi. Parfois abusée elle-même, elle va trouver avec son partenaire une relation semblable à celle qu'elle a expérimentée plus jeune avec ses parents et sa fratrie. Comme elle n'a pas connu la protection dans son enfance et son adolescence, elle ne va pas savoir repérer la souffrance de ses propres enfants quand ils seront abusés et ne pourra les soustraire aux exigences de leur père.

Deux familles sont typiques de cette organisation et leur description va aussi montrer combien les tentatives d'aide sont difficiles à mettre en place.

Dans la famille Alain, six enfants sont nés d'une union qui a connu des hauts et des bas. Plusieurs fois les deux conjoints se sont séparés à l'initiative de l'un ou de l'autre pour se retrouver quelques mois plus tard. Les enfants suivent alors leur mère. Monsieur Alain a vécu pendant un temps avec une autre femme dont il a eu un enfant. Cette dernière, lassée de sa violence, l'a quitté avec l'enfant. A la suite de l'interruption de cette liaison, le couple décide de faire une nouvelle tentative de vie commune.

Monsieur Alain est un homme à la stature imposante. Il n'a jamais toléré que les travailleurs sociaux aillent chez lui. La maltraitance pour les enfants a été signalée et a motivé une AEMO. Nous avons

4. Barudy, « Le dévoilement de l'inceste et de l'abus sexuel », *Cahiers critiques de thérapie familiale et de pratiques de réseaux*, cahier n° 10 : « Violence sexuelle, inceste famille », Privat.

signalé à plusieurs reprises les mauvais traitements au juge des enfants et avons sollicité par deux fois un placement hors du foyer pour tous les enfants. Jamais ces placements n'ont pu être effectués car Monsieur Alain a toujours réussi à faire fléchir le juge, arguant de sa bonne volonté et de son attachement aux enfants. Sans doute faut-il parler de l'habileté de Monsieur Alain à se montrer sous un jour favorable et à éviter toute remise en cause de son attitude. D'ailleurs, cette capacité à défier la justice ne fera que le conforter dans sa toute-puissance car quoi qu'il fasse, il ne peut être arrêté par la loi.

Pourtant au moment de l'adolescence des aînées, le couple se trouve en difficulté manifeste. Madame Alain dira par la suite qu'elle ne supportait plus l'emprise de son mari et qu'elle tentait de résister mais subissait ainsi des violences de sa part.

Très vite des soupçons de violences sexuelles envers Stéphanie sont émis par les travailleurs sociaux. L'adolescente ne travaille plus à l'école, devient renfermée et anorexique. A la suite d'examens médicaux il s'avère, en effet, que Stéphanie a connu des relations sexuelles. Monsieur Alain accuse un amant de la mère. Il fera d'ailleurs le montage de tout un scénario avec lettre écrite à la place de Stéphanie pour tenter de donner de la véracité à cette version. Madame Alain n'accusera jamais directement son mari et son attitude de protection envers lui est bien significative de l'ambivalence de leurs liens. A la fois provocante et instigatrice de sa violence, elle peut en même temps le soutenir et adhérer à ses dires sans le contester.

Face à cette incapacité à clarifier les événements, le juge ordonnera le placement de Stéphanie dans le souci de la mettre à l'abri des pressions de sa famille. C'est au cours de ce placement, et après quelques jours de tranquillité, que Stéphanie parlera des relations sexuelles avec son père. Terrorisée pas ces aveux et sa peur des représailles, elle tentera par la suite de nier les faits. Monsieur Alain aura la même stratégie de déni envers la justice, mais les enquêtes et finalement l'aveu de la mère, le conduiront aux assises et en prison.

L'histoire de cette famille se poursuivra sur un mode dramatique. Le père emprisonné, la mère retrouvera peu à peu le contact avec ses enfants, placés à la suite de l'épisode incestueux. La maltraitance continuera, mais entre les frères et sœurs devenus jeunes adultes, et sans que la mère puisse les en empêcher. La violence sera telle qu'elle ira jusqu'au meurtre de leur sœur par Stéphanie et son frère aîné. De victimes, ils sont devenus bourreaux à leur tour, dans ce cercle infernal où l'enfant abusé prend trop souvent le rôle de l'adulte agresseur.

Le cas de la famille Alain est dramatique et comporte un certain nombre d'éléments qui rendent difficile toute action de changement, le déni du père, le manque de soutien de la mère à sa fille et sa complicité ambiguë avec le père, la disqualification des actions sociales par la justice qui n'accède pas au placement des enfants quand il est sollicité.

La famille Alexis est une autre illustration de cette situation où la position toute-puissante du père terrorise femme et enfants.

Monsieur Alexis a épousé une femme considérée comme handicapée intellectuelle. Deux enfants naissent de leur union, un garçon et une fille. D'emblée le couple connaît des difficultés de relations, chacun manifestant son insatisfaction à l'autre en lui reprochant l'échec du couple.

La mère quitte le domicile conjugal pour retourner vivre chez ses parents, alors que son fils a dix ans et sa fille huit ans. Elle laisse ses enfants à son mari et ne semble pas s'inquiéter de leur sort. Une action éducative est demandée à la suite de signalements pour manque de soins aux enfants.

Les travailleurs sociaux sont alertés par la détresse des enfants que le manque de coopération et l'hostilité du père rendent très difficiles à toucher.

Celui-ci leur fait très vite savoir qu'il n'entend pas être dérangé chez lui et que ses enfants ne peuvent être qu'en sécurité avec un homme comme lui. L'accès aux enfants est barré par un père qui n'admet aucune aide et perçoit l'AEMO comme une tentative intolérable de limiter son pouvoir. Là encore, une proposition de placement est faite qui n'aboutira pas.

Cette proposition coïncide avec un changement de vie de Monsieur Alexis. Par annonce, il a rencontré une jeune femme qu'il décide d'épouser. Celle-ci se révèle particulièrement efficace pour nouer une relation positive avec les enfants, et les travailleurs sociaux sont tranquillisés par la présence rassurante de cette femme.

Cette période va durer un an et demi au cours de laquelle la nouvelle conjointe va s'occuper des enfants mais aussi soutenir Monsieur Alexis pour qu'il obtienne un meilleur statut auprès d'un employeur qu'elle considère comme un exploiteur. L'entourage manifeste une certaine surprise face à ce décalage entre les deux conjoints : un homme plutôt frustre et asocial avec une femme sympathique et réaliste.

Cependant la vie à l'intérieur de la famille n'est pas aussi idyllique que chacun tente de le montrer à l'extérieur. C'est Madame Alexis qui va être à l'origine de la crise qui va aboutir à la rupture familiale. C'est elle qui va d'abord s'inquiéter auprès des travailleurs sociaux de l'excitation de Séverine, alors âgée de douze ans, et de ses tentatives de séduction auprès des hommes et en particulier auprès du jeune frère de dix-huit ans de Madame Alexis. Celle-ci souhaite que

Séverine soit aidée mais elle dit aussi sa peur que son mari ne soit pas d'accord pour ce qu'il considère être une intrusion dans sa famille.

Toutes les tentatives pour le faire participer aux entretiens de famille aboutiront à des échecs. Très vite au cours des entretiens, Séverine fera la révélation des relations sexuelles avec le père. Ces relations sont très anciennes et correspondent au départ de la mère. Régulièrement, Séverine prend la place de la mère dans le lit conjugal. Cette dernière dira qu'elle avait remarqué l'attitude séductrice de son mari envers sa fille, mais elle avait fait comme si elle n'avait rien vu, ni rien fait et avait préféré quitter la maison.

Il est évident que ces révélations posent toujours un grave problème aux travailleurs sociaux. Comment durant toutes ces années, ne pas avoir repéré que Séverine était abusée ? Tous les travailleurs sociaux qui ont travaillé avec cette famille ont pensé à cette éventualité et la proposition de placement était une façon de gérer ce problème.

Soyons, dans ces situations particulières, attentifs aux difficultés qui se posent, tant pour avoir accès aux enfants dans ces organisations où le père est hors la loi, que pour collaborer avec les instances judiciaires dans la complémentarité. Il est important de tenir compte des indices que manifestent les enfants dans ces situations et d'être vigilants dans la protection, en sachant qu'un enfant dans ces organisations familiales ne « trahit » jamais son père en parlant. Il a intériorisé l'injonction de celui-ci : « Tout ce que je fais est bien pour toi ».

C'est hors de l'emprise du père — lors de son placement pour Stéphanie et avec le soutien de sa belle-mère, pour Séverine — que la révélation peut se faire. Mais cette révélation est toujours fragile. Mise en présence de son père et à nouveau sous son emprise, il est quasi systématique que l'enfant ou l'adolescente revienne sur ses dires, d'où pour la justice la difficulté à « faire la preuve ».

La révélation des violences sexuelles de Séverine va entraîner une série d'événements tragiques. Pour Madame Alexis, c'est l'écroulement de son rêve de vie conjugale heureuse. Elle reconnaît alors combien elle avait ignoré et banalisé les attitudes de séduction entre le père et la fille, tentant de nier l'évidence pour croire qu'elle était aimée.

A la suite de l'arrestation de Monsieur Alexis, le frère de Madame Alexis, lui-même séduit par Séverine et ayant eu des relations sexuelles avec l'adolescente se suicidera. N'ayant pu supporter la culpabilité et peut-être la crainte de la justice, il choisit de se donner la mort.

Madame Alexis, quelque temps après l'incarcération de son mari, repartira alors dans sa famille d'origine dans une autre région et apprendra par sa mère qu'elle est née de la relation incestueuse entre cette dernière et son propre père. Réactions et révélations en chaîne, qu'on rencontre souvent à l'occasion du regard et de l'intervention du monde extérieur sur l'acte incestueux jusqu'alors resté dans le cercle clos de la famille.

Il est important de faire remarquer que le passage à l'acte incestueux a un sens au niveau intergénérationnel. Bien que nous n'ayons pas d'éléments sur l'histoire familiale des deux pères précédents, il est fréquent de trouver à la génération précédente des incestes ou des maltraitances. Les choix mutuels à l'intérieur du couple sont autant de facteurs qui font renforcer le risque de passages à l'acte incestueux.

Quant Monsieur Alexis forme son premier couple avec une jeune femme handicapée et dépendante, il est confirmé dans son rôle de supériorité et d'autorité. Cette femme ne saura pas l'arrêter dans sa tentative de séduction envers leur fille, ni protéger celle-ci. Aucune limite n'est mise alors dans la relation père-fille, de par la présence et le rôle de la mère.

Dans son second couple, la relation change. La nouvelle femme de Monsieur Alexis apparaît très différente de la précédente. Elle est tonique, efficace, voire maîtresse-femme. Pourtant, dans un premier temps, elle est aveuglée par son désir de former un couple idéal et ne peut percevoir ce qui continue à se passer entre le père et la fille. Sans doute, aussi, sa propre histoire intergénérationnelle — et bien qu'enfouie selon ses dires — a un effet de résonance dans cette relation incestueuse et confirme l'aveuglement.

Que se passe-t-il alors quand la révélation se produit et ce, par l'intermédiaire de cette même femme ? Comment sort-elle de son aveuglement pour être en mesure d'envisager la relation incestueuse de Stéphanie et de son père ? L'hypothèse la plus probable est que le lien du couple devient plus réaliste, que la nouvelle Madame Alexis commence à remarquer les failles de son mari et qu'elle peut alors sortir de son rêve. Il est possible, mais nous n'avons pas suffisamment d'éléments sur cette relation, que la présence de son frère (en réalité son demi-frère) ait eu un effet déterminant sur la réalité de l'acte incestueux.

Monsieur Alexis tentera de nier ses actes et là encore on assistera au même phénomène d'emprise sur sa fille qui se rétractera en présence de son père. Cependant les enquêtes seront suffisamment étayées pour que Monsieur Alexis soit jugé en assises et incarcéré.

Quand la relation de couple ne comble pas les attentes des deux parents

Dans cette organisation chacun des conjoints va éprouver une profonde déception dans sa relation avec l'autre.

Souvent, le mari attend de sa compagne qu'elle le reconnaisse là où ses parents n'ont pu le faire et qu'elle l'aide à s'affirmer et à avoir une meilleure estime de lui-même. Quant à la femme, elle attend de son conjoint qu'il la console de ses malheurs d'enfance et espère de par son statut d'épouse, obtenir une considération sociale. L'un et l'autre ont une demande affective très forte que le conjoint ne peut combler.

Bien sûr, de nombreux couples fonctionnent sur ce modèle sans qu'il n'y ait pour autant, passage à l'acte incestueux. D'autres éléments vont entrer en jeu et particulièrement les transmissions et délégations intergénérationnelles. L'inceste ne trouve pas sa simple explication dans la relation d'un couple. Il faut se référer à la génération précédente de chacun des conjoints pour comprendre le passage à l'acte. Il est aussi nécessaire de s'interroger sur la place et le rôle qui va être donné à l'enfant agressé et que celui-ci va endosser. Bien sûr il serait hors de notre propos d'y inclure des notions d'intentionnalité ou de volonté. Il est bien clair que nous parlons d'organisations relationnelles à l'intérieur desquelles les jeux de chacun sont limités. Le cas de la famille Armel peut nous faire comprendre comment un tel fonctionnement se met en place.

Monsieur et Madame Armel se rencontrent alors qu'ils sont encore jeunes, puisqu'ils n'ont que vingt ans. Monsieur Armel est issu d'une famille dont il n'aime guère parler car il a de très forts sentiments agressifs envers elle. Il nous apprend qu'il a été maltraité par ses parents, et lorsqu'il était enfant, agressé sexuellement par un oncle. Adolescent, il quitte sa famille et tente de trouver chez ses différents employeurs, les liens affectifs qui lui ont manqués. Il ne semble pas qu'il ait été satisfait car il changera souvent de travail.

Madame Armel est issue d'une famille éclatée. Elle décrit sa mère comme une prostituée ayant connu plusieurs hommes. Madame Armel apprendra tardivement l'identité de son père avec lequel elle tentera d'entrer en relation mais elle sera déçue et n'obtiendra pas de lui l'affection souhaitée.

Quand elle est adolescente, elle assiste d'abord aux relations sexuelles de son beau-père et de sa sœur aînée. Quand celui-ci tente la même chose avec elle, elle en avertit sa mère qui l'accuse de mensonge. Madame Armel garde une relation ambivalente avec cette mère, qu'elle critique violemment, mais qu'elle va voir régulièrement dans l'attente impossible de marques d'amour.

Lorsqu'elle rencontre son futur mari, Madame Armel est obèse et se dit rejetée par les garçons. Elle est sensible à celui qui se préoccupe d'elle et lui prodigue de l'affection. Quant à Monsieur Armel, dévalorisé et déçu dans ses relations, sans doute est-il surpris d'intéresser quelqu'un.

Le couple décide de prendre de la distance par rapport aux familles respectives, pour arriver en Vendée. Trois enfants vont naître de leur union : deux filles puis un garçon.

Un signalement est fait par l'école maternelle pour soupçons de maltraitance envers la seconde fille, Catherine, sur laquelle il a été remarqué des traces de coups. Une AEMO est ordonnée par le juge des enfants. Le travail d'aide dans cette famille sera particulièrement délicat. Monsieur et Madame Armel sont très atteints par ce signalement qui leur renvoie une mauvaise image d'eux-mêmes, image qu'ils connaissent bien l'un et l'autre et à laquelle ils sont si sensibles.

Catherine est une fillette qui a déjà une lourde histoire. Atteinte d'une infirmité (elle a une surdité partielle), ses parents la décrivent comme rebelle et agressive. Ils perçoivent toutes ses manifestations comme dirigées contre eux et leur souci essentiel est de corriger cette enfant pour « qu'elle leur fasse honneur » et les valorise en tant que parents. La chaîne interactionnelle classique de la maltraitance est mise en place. L'enfant subit des corrections, ne connaît que cette relation avec ses parents et va continuer à agir, de façon à solliciter ce mode de réactions.

Nos tentatives d'aide pour modifier ces interactions vont se révéler peu fructueuses, malgré l'apparente coopération de Monsieur et Madame Armel. Ils ne peuvent modifier l'image qu'ils ont de Catherine : mauvaise enfant à punir pour qu'elle devienne meilleure. En fait, Catherine a un rôle de bouc émissaire pour ses parents. Elle représente toutes leurs attentes non comblées. Le dialogue entre les parents sur les relations bloque très vite. Le maintien de leur couple est paradoxalement lié à l'évitement de la mise en évidence de leur réciproque déception. Catherine leur permet cet évitement en supportant leur agressivité et leur sadisme.

Une hospitalisation pour infection urinaire va révéler la violence sexuelle alors que Catherine a six ans. Les parents vont mutuellement se protéger en niant les faits. Il sera très difficile de mettre au clair ce qui s'est passé exactement. Cependant, Catherine sera placée afin d'être soustraite à de nouveaux risques. Jamais Monsieur et Madame Armel n'admettront le placement et ils seront très virulents pour récupérer Catherine tout en l'accusant de leur avoir fait « un mauvais coup ».

Par la suite, Monsieur et Madame Armel feront tout ce qui est en leur moyen pour se montrer bons parents avec les autres enfants, selon leurs règles et leurs valeurs.

L'histoire de la famille Armel met en évidence cette reproduction intergénérationnelle de la violence que nous avons déjà soulignée. L'aberration quant à l'issue, à savoir le placement de l'enfant et la non-poursuite de l'auteur qui nie, nous fait craindre pour l'avenir de Catherine. Va-t-elle reproduire plus tard violence et maltraitance, ou aller vers une évolution psychotique, autrement dit, une certaine mort psychique ?

Une autre situation avec d'autres critères va nous permettre de comprendre l'échec des attentes d'un couple et le passage à l'acte incestueux.

Quand Madame Abel rencontre Monsieur Arnaud, elle a une fille de quatorze ans, Maryse, d'un précédent mariage et n'a pu nouer, malgré plusieurs liaisons, une relation qui lui convienne avec un autre homme.

Monsieur Arnaud a lui aussi été marié une première fois. Il a eu deux enfants de ce mariage dont l'un est à la garde de ses propres parents et l'autre à la garde de la mère. Monsieur Arnaud a peu de relation avec ses enfants, pour lesquels il n'a pas de participation financière et éducative. La personnalité de Monsieur Arnaud est assez particulière : petit tyran, il a toujours réussi à échapper aux poursuites et se targue de faire échec à la police grâce à son habilité. Il est soutenu par ses parents qui l'excusent toujours en accusant les femmes avec lesquelles il a vécu, de l'avoir poussé à des actes délictueux.

Lorsqu'il rencontre Madame Abel, Monsieur Arnaud dira vouloir échapper à l'emprise de ses parents, et oublier l'échec de son précédent mariage. Il compte sur elle pour l'aider à sortir de sa déception amoureuse et à prendre son indépendance.

Madame Abel est séduite par cet homme beau parleur, qui s'est construit un personnage d'homme qui réussit et auquel elle croit. Elle aussi tente d'échapper, grâce à lui, à ses insatisfactions sentimentales.

Lorsque Madame Abel et Monsieur Arnaud décident de vivre ensemble, Maryse passe la semaine dans un internat spécialisé pour retard scolaire et rentre le week-end chez le nouveau couple. C'est une adolescente physiquement agréable, en recherche d'affection et d'intérêt, mais manquant de maturité. Très vite Monsieur Arnaud va séduire Maryse et avoir des relations sexuelles avec elle en l'absence de la mère quand elle travaille.

Maryse dira par la suite avoir eu peur de déplaire et accepter ses relations sous la contrainte. Elle n'en parle pas à sa mère, à la fois pour ne pas menacer le couple dira-t-elle, mais aussi par crainte de la réaction de rejet de celle-ci à son égard.

C'est lorsqu'elle se rend compte qu'elle est enceinte que Maryse, dans la panique, se rend au commissariat de police, révèle son état et dénonce l'ami de sa mère.

Maryse va être hospitalisée à la suite de sa démarche pour une interruption volontaire de grossesse et c'est, soutenue par le personnel de l'hôpital, qu'elle maintient sa plainte contre Monsieur Arnaud. En effet, elle subit de nombreuses pressions pour retirer sa plainte, d'abord de la part de sa mère et ensuite de la part des parents de Monsieur Arnaud.

Face à sa détermination, la famille Arnaud et sa mère vont la rejeter, l'accusant d'avoir séduit Monsieur Arnaud. Maryse aura d'importantes difficultés par la suite à se remettre de cet épisode où elle se vit comme victime et accusée de surcroît. Monsieur Arnaud sera incarcéré mais pour une courte durée. Maryse sera placée en famille d'accueil et définitivement exclue du cercle familial.

Madame Abel reprendra la vie commune avec Monsieur Arnaud à sa sortie de prison et très vite un enfant naîtra, confirmant ainsi l'apparente cohésion du couple.

Dans cette situation, on peut noter le rôle de la génération précédente comme faisant partie des éléments déclenchant le passage à l'acte incestueux. Monsieur Arnaud est en effet soutenu par ses parents quoiqu'il fasse, délits ou abus sur la fille de son amie. Lui aussi éprouve un sentiment de toute-puissance et d'impunité. Tout lui devient possible puisque ses parents sont d'accord, même lorsqu'il est adulte. Le jugement et la peine légère qui s'ensuit ne feront que confirmer la banalité de son acte et ne contribueront pas à lui mettre des limites.

Nous avons moins de renseignements sur les liens de Madame Abel avec sa famille, si ce n'est qu'elle s'est très vite différenciée de sa fratrie (plus traditionnelle) par son mode de vie. Ses parents et ses sœurs la mettent à distance et ne comprendront pas sa reprise de vie commune avec Monsieur Arnaud et rompront alors tous liens avec elle.

Quatre années se sont écoulées quand nous apprenons que Monsieur Arnaud est incarcéré pour avoir violenté sa fillette de cinq ans. Pour nous, cette récidive, si elle confirme la personnalité perverse de Monsieur Arnaud ne peut être que reliée à la banalisation de son acte sur Maryse.

Cet exemple confirme l'importance de l'action judiciaire dans les situations de violences sexuelles. L'intervention de la loi est indispensable pour interrompre le processus de récidive.

Quand le couple se sépare et que la tension demeure

1. Le père, quand il a la garde de sa fille, lui demande de remplacer son ex-femme

Deux cas de figure peuvent en effet se présenter dans les situations de séparation. On connaît un certain nombre de situations dans lesquelles la mère quitte la famille et le père se retrouve seul avec ses enfants. Si les filles sont adolescentes, elles peuvent représenter pour l'homme qui est seul, un moyen facile et tentant d'avoir des relations sexuelles. Là encore précisons que lorsqu'il y a inceste, il ne s'agit pas de n'importe quelle famille.

Quand un homme considère qu'il a été exclu et que ses liens avec sa fille sont distendus, il peut donc avoir un besoin de vengeance, agresser sexuellement son enfant, atteignant ainsi la mère par cet acte. Il y a passage à l'acte incestueux, quand les personnalités en présence ont faiblement intériorisé l'interdit de l'inceste, et que le contexte interactionnel est tel qu'il favorise le passage à l'acte.

Monsieur Armand se retrouve seul avec sa fille de dix ans, Camille, à la suite du départ de sa femme. Les circonstances de la séparation apparaissent floues, la version de chacun des conjoints étant différente.

Pour Madame Armand, la vie avec son mari était devenue impossible, du fait de leurs disputes incessantes et des préférences homosexuelles de celui-ci. Elle signale aussi une relation de grande proximité entre le père et la fille, relation dont elle se sent exclue et qui lui paraît « malsaine ». Elle part cependant en laissant mari et fille dans le souci, précise-t-elle, de récupérer Camille par la suite.

Pour Monsieur Armand, sa femme était devenue lointaine et agressive. Les scènes de ménage étaient fréquentes et c'est au cours d'une de ces scènes qu'il met sa femme à la porte. Il signale que Madame Armand était peu maternelle et qu'il avait dû très tôt compenser ce manque, en étant proche de sa fille.

A la suite de la séparation, Madame Armand tentera en effet d'avoir accès à sa fille, mais elle ne pourra jamais en avoir la garde.

Le jugement de divorce confiera Camille à son père avec les classiques week-ends sur deux et vacances divisées chez la mère. Très vite, ces visites vont s'espacer jusqu'au refus de l'enfant d'aller chez sa mère. Camille a alors douze ans et les plaintes portées par la mère, ainsi que les interventions de la police, n'y feront rien : la mère n'aura plus accès à sa fille, fermement décidée à ne vivre qu'avec son père.

L'action éducative est mise en place pour modifier cette situation et permettre que des liens soient renoués entre la mère et la fille. Rarement, une fille de cet âge a paru aussi déterminée dans ses choix et son refus absolu de rencontrer sa mère. Monsieur Armand a un rôle difficile à clarifier dans cette situation. En présence de Camille, il tente de lui faire comprendre l'importance qu'il y aurait pour elle à maintenir une relation avec sa mère et tente même de valoriser celle-ci à ses yeux.

Camille refusera tous les entretiens individuels et tentera de banaliser la situation quand ils lui seront imposés. Par ailleurs, Camille ne pose aucun problème à l'extérieur. Elle réussit brillamment à l'école, est sociable et ne manifeste aucune difficulté de comportement.

Madame Armand accusera son ex-conjoint d'inceste mais aucune enquête ne pourra alors en faire la preuve. En effet, sur plainte de la mère, la police tente discrètement de cerner ce qui se passe mais sans succès. Monsieur Armand se défend de telles accusations en mettant en avant la réussite et l'épanouissement de sa fille qui ne peuvent que témoigner qu'il est un père au dessus de tout soupçon.

Les séparations quand elles sont conflictuelles comme celles-ci, ne peuvent qu'occulter la situation réelle. On peut penser que les accusations de Madame Armand sont des tentatives de règlement de compte envers son ex-mari ainsi qu'un moyen de récupérer la garde de sa fille. Jamais Camille n'a montré le moindre signe qu'elle souffre de la situation. Elle déploie énormément d'arguments et d'énergie pour dire qu'elle souhaite vivre avec son père.

Ce n'est que tardivement que Camille a pu révéler sa véritable relation avec son père. Elle est majeure quand elle peut parler de sa place auprès de son père et de ses rapports sexuels avec lui. Elle les révélera sans agressivité comme s'il s'agissait d'une situation normale et reste affectivement très liée à son père à qui, non seulement elle n'en veut pas, mais à qui elle dit devoir sa réussite et son équilibre.

Camille a remplacé sa mère auprès de son père et considère cette mère comme une rivale. Toute rencontre avec celle-ci devient impossible, car elle renvoie Camille à son rôle d'usurpatrice. A-t-elle été coupable ? Qu'a-t-elle vécu exactement ? Il est impossible d'y répondre.

Situation pour le moins troublante, qui nous confronte à la complexité de l'inceste et à des vécus surprenants. Bien sûr, la question se pose des relations futures de Camille avec d'autres hommes et sa capacité à trouver la distance avec ce père trop proche.

Cette histoire, sans doute peu habituelle, nous invite à la prudence et à la réflexion sur les moyens à mettre en place dans les situations incestueuses. S'il n'y a pas d'inceste sans conséquences sur la personnalité et sur l'avenir amoureux et relationnel, il peut parfois ne pas être vécu douloureusement, tout au moins en apparence. Comment Camille va-t-elle par la suite organiser une vie sentimentale et sexuelle, avoir des enfants ? Nous ne pouvons y répondre.

2. Le père, au cours des visites, va abuser de sa fille, par représailles envers son ex-femme

Monsieur et Madame Axel, mariés, vivent une crise conjugale faite de mésentente. Ils ont trois enfants : Elise, Patrick et Ariane.

Madame Axel reproche à son mari, titulaire d'une pension d'invalidité (après plusieurs séjours en hôpital psychiatrique) de ne pas assumer la prise en charge des enfants et des tâches ménagères. Madame Axel tente, en travaillant, d'assurer les revenus de la famille mais supporte mal les dépenses inconsidérées de son mari. Celui-ci, instable et irritable, soupçonne sa femme d'infidélité et pense que sa dernière fille n'est pas de lui. Les disputes du couple sont incessantes. Monsieur Axel frappe sa femme qui, dit-il, le provoque, ainsi que les deux aînés : Elise et Patrick.

Après dix ans de cette vie commune, le couple se sépare sur le mode du conflit et de la violence. Une procédure de divorce est engagée par Madame Axel et la bagarre s'installe pour la garde des enfants. Celle-ci est confiée à la mère avec les droits d'hébergement habituels pour le père.

Monsieur Axel qui refuse le divorce, ne tient pas compte des clauses du jugement. Les conflits s'amplifient entre les ex-conjoints et à nouveau, des violences surgissent. Monsieur Axel exerce différents moyens de chantage auprès des enfants et de son ex-femme. La garde des enfants fait l'objet de procédures judiciaires successives.

Dans ce contexte, le juge des enfants ordonne une mesure d'action éducative en milieu ouvert afin de protéger les enfants des règlements de compte de leurs parents et d'instaurer un climat plus serein et plus propice au séjour des enfants tant chez la mère que chez le père. Nous découvrons au début de cette mesure une situation particulièrement tendue. Il nous apparaît que la guerre qui s'est installée entre les deux parents à travers les enfants a pour fonction de les faire vivre. L'un et l'autre ont un fonds dépressif important.

Ainsi, Monsieur Axel se bat pour « récupérer » sa femme et oublie ainsi sa dépression. Son ex-conjointe met beaucoup d'énergie à résister mais reconnaît apprécier d'être convoitée et donc d'exister pour quelqu'un. Elle a changé de département pour remettre de la distance entre elle et son ex-mari, et se montre excédée par ses chantages successifs et ses menaces.

Il faut y ajouter les manipulations exercées sur Patrick qui effectue de nombreux aller et retour entre ses parents, exténués par les différents jugements modifiant le droit d'hébergement. D'abord active dans ce jeu, Madame Axel tend à démissionner de ses responsabilités parentales et glisse progressivement dans l'alcoolisation. Cette situation est évidemment très difficile à vivre pour les enfants.

Elise, quand nous la rencontrons, est une adolescente vive et intelligente mais elle souffre beaucoup de la guerre entre ses parents. Au cours des entretiens, elle se montre pessimiste et dépressive, nous disant que sa vie est fichue et qu'elle n'est utile à personne. Elle est obèse et se met à évoquer des idées de suicide. Alors qu'elle a dix-sept ans, elle nous révèle qu'elle a subi des attouchements sexuels de la part de son père. Ces attouchements ont commencé lors des premiers week-ends de visite qui ont suivi la séparation des parents, alors qu'elle avait quatorze ans.

Son père lui a expliqué que tous « les pères font ça », qu'il est de « leur rôle d'initier leur fille ». Elise perçoit très vite que son père la prend pour sa mère mais ne sait pas comment faire pour interrompre cette relation, marquée par la violence exercée par celui-ci lors de son enfance.

Elise nous parle de son père comme de quelqu'un qu'elle redoute mais aussi comme quelqu'un qui a une très forte emprise sur elle. Elle dit ne pouvoir lui résister de peur des conséquences. Durant toute la période d'attouchements sexuels, Monsieur Axel intervient auprès des « petits amis » de sa fille et les harcèle jusqu'à ce qu'ils rompent avec Elise. Il n'accepte aucun rival et exerce une véritable tyrannie affective et sexuelle sur une adolescente partagée entre la soumission et une volonté cachée de révolte qu'elle ne peut mettre en acte.

A la suite de ces révélations, nous ferons un signalement au juge des enfants. Mis en garde à vue, Monsieur Axel niera les faits racontés par sa fille. Jugé en correctionnelle, il sera condamné à deux ans de prison ferme. Durant son incarcération, Elise effectuera un important travail thérapeutique afin d'échapper à l'emprise paternelle et acquerra plus d'autonomie. Malgré cela, à la sortie de prison de son père, elle sera dans un état de grande panique quand il lui téléphonera.

Avec notre aide, elle décidera de lui écrire pour lui dire comment elle souhaiterait que soit leur relation, c'est-à-dire avec une distance importante et à condition qu'il reconnaisse les faits révélés.

Monsieur Axel lui répondra et pour la première fois admettra ses actes envers elle. Soulagée, Elise retrouvera progressivement un lien avec son père et cessera d'avoir peur de lui. C'est à cette époque que nous découvrirons que Monsieur Axel est né d'une relation incestueuse entre sa mère et son propre père.

Les révélations d'Elise ont également modifié ses relations avec sa mère. Celle-ci démissionne de plus en plus (alcool et dépression) et n'est pas un réel soutien pour elle. Depuis quelque temps, Elise a cessé de vouloir être responsable de sa mère et la sauver. Elle a pris son indépendance : travail à mi-temps, logement indépendant. Actuellement, elle suit une formation rémunérée d'aide-soignante et elle est complètement autonome. Récemment, son père lui a cédé son ancienne voiture. Elise a d'abord hésité à prendre ce cadeau et l'a finalement accepté tout en manifestant à son père qu'elle ne se sentait pas redevable pour autant envers lui.

Elise ne s'est pas engagée dans une relation affective et sexuelle avec un garçon. Après avoir connu une période particulièrement instable dans ses relations masculines, (période correspondant aux attouchements du père), elle reconnaît avoir besoin de temps pour nouer un lien solide et sûr. Bien entendu, sa capacité à construire ce lien sera le signe d'une estime d'elle-même complètement retrouvée.

Dans cette situation, nous remarquons une évolution des interactions familiales suite au dévoilement. Le père, après avoir nié, va reconnaître les faits, d'où un soulagement pour sa fille, et une possibilité que le lien se renoue. En lui donnant sa voiture, on assiste à un début de réparation. Par ailleurs, le travail thérapeutique a permis à Elise de se distancier de la relation d'emprise de son père.

Notre but en décrivant les familles à transaction incestueuse[5] n'est pas tant de faire ressortir l'action des travailleurs sociaux au moment du passage à l'acte que de souligner l'organisation structurale[6] de la famille et les processus interactionnels qui conduisent à l'inceste.

Ces diverses situations nous montrent à quel point l'action devra être adaptée et différente selon la famille, l'âge de l'en-

5. Terme emprunté à Sabourin *et al.*, *La violence impensable*, Nathan, Paris, 1991.
6. Organisation structurale : nous empruntons ce concept à Salvador Minuchin, *Famille et thérapie*, J.P. Delarge, 1976.

fant et les modalités de passage à l'acte. Certes, l'action de la justice est importante en ce sens qu'elle signifie l'intervention de la loi, là où elle est ignorée. Encore faut-il que cette action soit dirigée envers l'auteur et non envers la victime comme c'est parfois le cas. En effet, faute de preuves évidentes, il arrive que l'enfant victime de violences sexuelles soit placé à l'extérieur de sa famille alors que l'adulte responsable n'est pas inquiété. Il y a là pour l'enfant une « réponse injuste » qui risque d'être lourde de conséquences sur son avenir psychique. La récente émission de télévision[7] et les témoignages des victimes confirment ces propos.

On remarquera combien l'enfant est fragilisé à la suite de ces actes et combien sa parole peut changer du fait des influences qu'il subit. Nombre des négations (après un premier aveu) des enfants qui ont parlé des violences subies ne sont que des réactions aux menaces des adultes et à la peur des conséquences sur l'ensemble de la famille. Bien souvent, ce sont ces négations qui vont faire foi et renvoyer l'enfant à une situation intolérable. N'ayant pas été cru et amené à nier la réalité, il va en garder une perception des adultes particulièrement perturbée. Pour garder le lien avec eux, il doit faire comme si ce qui lui est arrivé n'avait jamais existé. Pire, il sera parfois à nouveau violé après avoir parlé et être revenu sur ses dires. On ne s'étonnera pas que ces enfants, devenus adultes, aient de graves troubles de la personnalité.

Autre cas de figure, les enfants qui ne parlent pas car ils ont compris que leur parole serait une menace pour l'équilibre de la famille. Ils perçoivent et c'est le cas pour les enfants peu investis, que les adultes n'accorderont pas grand crédit à leurs dires et ils se tairont.

Longtemps après, nous les rencontrerons, devenus mères ou pères de famille et ils révéleront ce qui leur est arrivé. Ces révélations ne sont pas faites par hasard. Bien souvent, c'est lorsque leur enfant atteint le même âge que celui auquel ils ont été agressés, qu'ils parlent de ce qu'ils ont subi. Est associée à cette révélation, la peur qu'il arrive la même chose à leur propre enfant. Telle cette mère, qui lorsque sa fille devient adolescente surveille avec angoisse tous les faits et gestes de son mari, mettant celui-ci dans un grand état de panique. Ce n'est qu'après avoir dialogué avec lui sur son passé d'adolescente victime de

7. *L'enfance violée*, France 2, 26 avril 1995.

violences sexuelles de la part de son père que le couple retrouvera son équilibre.

Nous ne saurions qu'insister sur l'importance de la prévention pour que ces situations soient anticipées et que soient évitées ces répétitions intergénérationnelles dramatiques, car les conséquences des violences sexuelles sur les victimes sont souvent désastreuses et laissent des traces indélébiles.

Les conséquences des violences sexuelles sur les victimes et leur entourage

« La tornade blanche », Magali, six ans

Plusieurs appels téléphoniques au service social, deux appels au service d'accueil téléphonique signalent une suspicion d'attouchements sexuels d'un père sur sa fille de six ans.

Une enquête sociale est effectuée et aboutit à un signalement au juge des enfants. Une mesure de protection pour cette enfant est ordonnée.

L'exemple de Magali, illustre à la fois les symptômes que peut présenter un enfant victime de violences sexuelles dans sa famille, et qui peuvent être décodés par l'extérieur, mais aussi les séquelles qui persistent à l'âge adulte en la personne de sa tante paternelle ainsi que les risques de répétition intergénérationnelle comme le montrent les différents éléments de cette situation familiale.

*
* *

Magali est l'aînée d'une fratrie de deux enfants. Les parents travaillent l'un et l'autre, le père est chauffeur-livreur, la mère employée de maison.

C'est la tante paternelle de Magali qui a effectué les différentes démarches téléphoniques pour tenter de protéger sa nièce. Elle en informe sa belle-sœur, mère de Magali qui ne comprend pas ce qui se passe mais qui réagit très rapidement. Elle emmène sa fille pour une visite médicale chez son médecin traitant afin de faire constater l'absence de sévices corporels. La mère obtient un certificat médical qui atteste que Magali ne présente « rien d'anormal ».

Auparavant, elle avait contacté le maire de la commune et obtenu qu'il téléphone à l'assistante sociale du secteur, en qualité de voisin de la famille pour la rassurer sur les bonnes relations de Monsieur et Madame avec le voisinage. La mère s'est activée très vite pour disculper son mari en préparant sa défense. Et Magali ? Les démarches de la mère ne visent pas la protection de l'enfant, mais ont pour but d'interdire l'accès à la famille en proposant certificats médicaux et de bonne moralité. De complice par ignorance, elle devient complice active.

L'élément déclenchant est l'opération de l'appendicite l'année précédente. Magali a alors neuf ans. La tante paternelle rend visite à Magali lors de son hospitalisation. Magali est une fillette repliée sur elle-même, triste, qui refuse de communiquer.

Les attitudes de Magali inquiètent la tante qui fait le rapprochement avec ce qu'elle a vécu au même âge que sa nièce. Elle observe Magali et se retrouve en elle, petite fille toujours malade, atteinte de crises de spasmophilie, de tétanie, dépressive parce qu'elle portait en elle un secret trop lourd... La famille disait qu'elle était ensorcelée, mais elle, savait et se taisait. « Je suis bien ici, laissez-moi tranquille, j'en sortirai bien toute seule », sont les mots de Magali qui ne cessent d'alerter la tante.

Dès la petite enfance, des troubles alimentaires apparaissent (refus de se nourrir) suivis à l'âge de deux ans d'une période plus sévère qui s'apparente à un épisode anorexique. De neuf mois à deux ans et demi, Magali est gardée par ses grands-parents maternels, elle est entourée par son oncle et sa jeune tante qui vivent toujours au domicile des parents.

A deux ans et demi, elle est scolarisée. Les conduites alimentaires persistent, ce qui amène les parents à réagir durement auprès de Magali. Elles sont accentuées à la naissance de la petite sœur, alors que Magali a quatre ans.

A partir de cinq ans, Magali se plaint régulièrement de maux de ventre à sa mère. Une observation à l'hôpital ne révèle aucune anomalie organique. Ces plaintes répétées sont renvoyées vers le domaine psychologique et un suivi est engagé.

Jusqu'à cet âge, Magali est décrite par la famille élargie comme une enfant éveillée, qui a parlé de bonne heure. Elle est prédestinée à suivre une scolarité brillante, aux dires de l'ensemble de la famille.

« Petite fille intelligente, elle se débrouille bien, elle parle tôt, puis tout change vers ses six ans, elle n'est plus la même ». Les commentaires sont unanimes auprès de chacun des membres de la famille, que ce soit les parents, que ce soit la famille élargie... Apparemment rien ne laissait présager les problèmes futurs...

Magali se plaint de plus en plus de maux de ventre, est soignée pour des gastro-entérites, des infections urinaires... ; elle présente des difficultés d'endormissement importantes. Un refus de s'alimenter devient de plus en plus présent, créant des relations de plus en plus tendues avec son père. Sa mère paraît se trouver en difficultés relationnelles avec sa fille.

Magali ne réussit pas à l'école. Ses attitudes sont incompréhensibles, elle passe d'un extrême à l'autre, d'une attitude repliée à une expansion s'apparentant à une grande excitation. L'un de ses enseignants la décrit comme ayant une double personnalité, un autre la surnommera « la tornade blanche ». Il y a des périodes où elle est repliée sur elle-même mais ne laisse rien paraître...

Magali dira seulement :« J'ai perdu l'idée, cela arrive souvent à l'école, je perd l'idée, je perds la tête... ». Magali oublie ses lunettes à la maison, oublie ses livres, oublie ses affaires... Toujours prête pour aller en classe, Magali se fait remarquer par son comportement, elle est instable, n'arrive pas à se concentrer, est très « énervée », est décrite parfois comme manipulatrice et séductrice envers les adultes, s'isole des autres enfants, présente des troubles de la mémoire. Elle redouble son cours préparatoire, son cours élémentaire première année... tout en ne montrant aucune attitude de rejet vis-à-vis de l'école...

Ces quatre années passent avec une multitude d'interventions. Magali bénéficie d'une prise en charge individuelle à raison d'une séance de psychothérapie et de deux séances d'orthophonie par semaine. Ces périodes sont interrompues par des bilans psychomoteurs, des bilans psychopédagogiques, des bilans d'orthophonie...

Alors qu'elle a neuf ans, ses maux de ventre sont toujours présents. Lors d'une crise plus violente, Magali est hospitalisée et opérée d'une « appendicite aiguë banale » et sa tante s'inquiète de « sa maladie ». A la suite de l'opération de l'appendicite, Magali refuse de s'alimenter. Les parents s'inquiètent et Magali est quelque temps sous perfusion. Petit à petit, elle reprend des forces. Elle ne parle plus de ses maux de ventre, mais l'échec scolaire persiste, Magali n'a aucun appétit pour l'école et sa tante parle...

Le père de Magali est l'aîné d'une fratrie de cinq enfants. Son frère, atteint d'une grave psychose, est en semi-internat dans un établissement spécialisé et vit au domicile de ses parents. L'une des sœurs est célibataire et refuse toute idée de mariage. Les deux autres sœurs sont mariées et ont des enfants. Leurs grossesses successives ont réactualisé le problème de l'inceste et des attouchements sexuels. C'est en parlant ensemble des inquiétudes concernant Magali qu'elles se sont révélées l'une à l'autre leur terrible secret. Chacune, dans le silence, a été victime des attouchements sexuels de la part de leur frère aîné entre huit et treize ans. Chacune pensant être victime, seule, de ses agissements, a été incapable de livrer ce qui leur arrivait. C'est Magali qui a créé le lien entre les deux sœurs et les a amenées à pouvoir dire, partager ensemble leur souffrance enfouie.

Constatant que leur nièce allait de plus en plus mal, elles ont voulu en parler à leur belle-sœur qui a refusé de discuter de leurs inquiétudes. Des clans se sont formés dans la famille.

Les deux sœurs sont en psychothérapie. L'une a pu expliquer qu'elle rencontrait de graves difficultés au niveau sexuel. Elle n'accepte pas d'être touchée et les relations sexuelles sont pour elles à la limite du supportable. Son frère la violait sous la terreur, menaçait de la tuer si elle parlait, et elle n'a pu entreprendre une démarche d'aide psychothérapique qu'à l'âge adulte lorsque les problèmes sexuels sont devenus trop importants au niveau de son couple. Toutes deux refusent la possibilité d'une procédure pénale, et formulent la demande indirecte de parler avec leur frère. Leur attente est qu'il reconnaisse les faits. L'une et l'autre restent loyales à la famille bien que conscientes de la transmission de génération en génération. Les relations et les règles instituées font qu'entamer une procédure pénale représenterait trop de risques pour l'ensemble de la famille.

Comme dans tout système à transactions incestueuses, tout se traite à l'intérieur, l'extérieur représente un danger plus grand encore. Elles ne sont pas libérées de la position sacrificielle qui a été la leur pendant l'enfance, et porter plainte ou témoigner contre leur frère, aujourd'hui, n'est toujours pas envisageable.

Leur frère nie toutes ces accusations lors de l'adolescence de ses jeunes sœurs tout en apportant des éléments assez troublants. Il décrit l'une d'entre elles comme une séductrice, qui aurait eu des comportements très provocateurs. « Ça ne pouvait que lui arriver, dit-il ! » tout en contestant les faits qui lui sont reprochés.

Il veut garder son père à l'écart, le décrivant comme une personne très malade, qui risquerait l'infarctus. La mère est une femme qui a reporté toute son attention sur son second fils psychotique, source de ses préoccupations et de son malheur. Ses filles se plaignent de sa froideur, de son absence de communication, et n'ont jamais pu lui parler...

Ce bref regard à propos de trois générations relève une transgression des frontières transgénérationnelles à une génération, et intergénérationnelles à la suivante.

Nous pouvons nous interroger sur le vécu des grands-parents paternels de Magali qui se sont révélés des parents en difficultés au niveau de la communication, et incapables de protéger leur propres enfants.

Le ou les secrets seraient sans doute restés scellés à la troisième génération, car Magali connaissait déjà l'absence de frontières et le pacte implicite du silence. Elle prenait part à la conversation avec ses parents lorsqu'il s'agissait « de raconter les histoires dans la famille de ses grands-parents ». Elle sait tout. Ou alors, elle mettait la main devant la bouche de sa petite sœur, lorsque celle-ci devenait trop loquace à propos des histoires familiales...

Souffrant du manque d'affection de leur mère, les enfants ont développé des carences psycho-socio-affectives qui se répètent de génération en génération.

La mère de Magali est présentée comme une femme très organisée, extrêmement ordonnée dans sa vie quotidienne, elle laisse peu de place à l'expression des sentiments, des émotions. Magali aurait-elle pu lui parler ?...

L'intervention est toujours restée dans le cadre de la protection civile, aucune poursuite judiciaire n'a eu lieu, aucune plainte ne fut déposée, aucune poursuite pour diffamation n'est apparue...

Le voile partiellement levé sur trois générations s'est finalement reposé dans un silence de complicité familiale. Les symptômes décrits sont les seuls indices dont dispose le travailleur social pour repérer un enfant victime de violences sexuelles. Notre expérience nous a appris à décoder ces signaux manifestés par ces enfants. Les connaître, et les reconnaître, nous a permis de développer notre vigilance et intervenir plus rapidement.

Les symptômes

La famille, comme tout système social, possède une organisation hiérarchique, chaque membre de la famille ayant un rôle et une fonction déterminés par rapport aux autres.

Cette organisation, ou structure familiale indique une différenciation des rôles des parents et des enfants et les frontières entre les générations. Dans la famille, la hiérarchie la plus simple tient aux frontières intergénérationnelles. Un père et une mère remplissent une fonction hiérarchique par rapport à leurs enfants et une frontière sépare la sphère parentale et conjugale de la sphère fraternelle.

Une hiérarchie claire et sans ambiguïté est une des conditions fondamentales pour qu'un système familial soit fonctionnel et atteigne ses objectifs, ou sa finalité. La clarification des rôles et des fonctions y est également nécessaire. Par exemple, pour le système parental, la finalité peut être que les enfants deviennent des adultes épanouis, responsables et autonomes.

Placés au sommet de la hiérarchie dans la famille nucléaire, les parents assument leurs rôles de soins, de responsabilité et de protection vis-à-vis de leurs enfants, ces rôles remplissant la fonction d'accompagnement de la croissance et de la préparation à l'autonomie.

Lorsque les frontières sont claires et souples, tant avec l'environnement extérieur qu'à l'intérieur de la famille — et entre les générations —, elles permettent à l'enfant de faire l'apprentissage de relations fonctionnelles, autorisant tant la confrontation que la proximité, capables d'évoluer dans le temps, en tenant compte de son âge et du développement de la famille.

La manifestation des relations affectives, même empreintes d'une grande proximité, n'est et ne devient jamais équivoque. Ces manifestations évoluent bien sûr dans le temps, en fonction de l'âge de l'enfant, des valeurs, de l'histoire, et de la personnalité des parents. L'affection et la tendresse témoignées à un nourrisson ou à un jeune enfant ne se traduisent plus par les mêmes gestes lorsqu'il atteint la préadolescence.

Les frontières, « barrières » claires et souples, ont déterminé des règles, des limites, des interdits, explicites ou implicites qui protègent l'enfant et lui permettent de vivre dans un climat de sécurité. Ce qu'il vit est cohérent avec ce qu'il ressent.

De même avec l'environnement, les frontières souples permettent à l'enfant de faire l'expérience de relations saines de socialisation. Les contacts avec l'extérieur sont possibles, et enrichissent l'apprentissage des relations.

Lorsque les frontières sont essentiellement rigides ou au contraire trop floues, l'apprentissage des relations peut être perturbé par l'isolement ou une proximité qui crée la confusion. Dans ce cas de figure, l'un (ou les deux parents) ne joue plus son rôle parental et l'enfant peut alors être marqué par une absence d'identification à une image parentale ou même dans certains cas être « parentifié » et utilisé comme parent ou adulte de remplacement.

La relation ne peut plus alors s'établir de manière simple et spontanée, et les repères relationnels peuvent devenir gravement perturbés tant avec l'environnement que dans les relations intra-familiales.

Par exemple, lorsque dans un conflit de couple, un des parents utilise son enfant en créant avec lui une coalition contre son conjoint, se constitue alors « un triangle » caractérisé par une violation des frontières intergénérationnelles. Un tel triangle lorsqu'il se rigidifie dans le temps, trouble gravement l'ordre hiérarchique fonctionnel puisqu'il détruit l'alliance parentale dont la finalité est la protection des enfants.

Dans les familles à transactions incestueuses, il y a incontestablement une transgression au niveau de la frontière intergénérationnelle puisque l'enfant se retrouve systématiquement placé, par menace, séduction ou chantage, au rang du conjoint dans l'ordre hiérarchique. L'alliance parentale et conjugale des deux « conjoints officiels » est alors détruite pour laisser place à la constitution d'un triangle, où le parent non agresseur complice actif ou complice par ignorance laissera s'installer un dysfonctionnement relationnel destructeur pour l'enfant.

L'enfant est entraîné dans une confusion de rôles puisqu'à la maison, il joue le rôle du conjoint alors qu'à l'extérieur (école, etc.) il doit rester un enfant. Pris au piège de la menace, « si tu parles, je te tue », de la séduction « dans toutes les familles, c'est comme ça », du chantage « si tu parles, j'irai en prison », l'enfant est enfermé dans un secret dont il ne peut se libérer.

Nous ne pouvons faire abstraction, qu'au niveau de développement où il se trouve, l'enfant est en droit d'attendre du parent agresseur ou de l'autre parent, la protection, et que cette attente crée chez lui, une ambivalence qui maintient plus fermement le secret.

De plus, la famille à transaction incestueuse, se caractérise par un isolement interne et social. Repliée sur elle-même, les modèles de communication sont souvent inadéquats entre les membres de la famille et pauvres ou inexistants avec l'environnement (le voisinage, les structures scolaires, le milieu professionnel).

Incapable d'assimiler, au niveau du développement physique et psychologique où il se situe, l'abus de pouvoir dont il est prisonnier, incapable d'appréhender la situation et de la révéler compte tenu de l'emprise dont il est victime, l'enfant réagit face à l'ambivalence et à la confusion par l'expression de son corps, en développant des symptômes. Ces symptômes comportementaux, révélateurs de la présence de violences sexuelles chez l'enfant, sont souvent le seul appel au secours dont il est capable et que pourtant il ne maîtrise pas. Les indices comportementaux sont nombreux, c'est tout le développement de l'enfant qui est atteint et toutes les sphères de l'activité qui sont touchées.

Sur le plan somatique, de multiples manifestations peuvent être observées. Ces jeunes enfants se plaignent de fatigue, de maux de tête. Ils sont sujets à des infections urinaires fréquentes et à répétition, à des douleurs dans la région génitale.

Ils présentent également des troubles alimentaires (anorexie, boulimie, vomissements), des troubles du sommeil (cauchemars, refus d'aller se coucher, peur de s'endormir). Une reprise de l'encoprésie ou de l'énurésie peut resurgir après la phase de propreté.

Ces troubles psychosomatiques s'expliquent par le mal-être que l'enfant ressent profondément, et qu'il est pourtant dans l'incapacité d'exprimer par des mots. En ce qui concerne les infections ou les douleurs, ces signaux correspondent aux réactions du corps de l'enfant dont le développement physique est inadapté à la sexualité qu'on lui impose.

Sur le plan relationnel, les comportements sont perturbés et la communication devient difficile. L'enfant, qui a perdu son état d'enfant à la maison, ne sait plus être un enfant dans ses relations à l'autre. Il perd peu à peu ses capacités créatrices et de jeux, sa capacité à se concentrer, et les régressions scolaires sont fréquentes.

Ces enfants présentent quelquefois des troubles relationnels graves. Ils peuvent à la fois être repérés par leur isolement, leur passivité dans les cours de récréation, lors des activités collectives, ou repérés par leur agitation, leurs comportements pseudomatures. Il n'est pas rare de constater qu'un enfant alterne ces deux types de comportement, repli sur soi ou instabilité sans que des raisons apparentes l'aient amené à modifier son comportement.

En ce qui concerne la provocation, il est possible de constater des relations très érotisées chez les jeunes enfants, avec l'adulte, ou d'autres enfants, faisant usage de vocabulaire et de gestes considérés comme au-delà de la normalité pour leur âge.

Les jeunes enfants peuvent aussi développer des phobies face aux personnes du même sexe que leur agresseur. Par exemple, une peur panique peut s'emparer d'une petite fille, elle peut perdre l'usage de la parole lorsqu'elle se retrouve seule en présence de son instituteur.

La liste de ces signaux d'alarme est vaste et les symptômes présentés par les enfants seront différents selon la façon dont il sera parvenu à « incorporer » les violences sexuelles et le niveau de développement auquel il se trouve.

Bien qu'un certain nombre de ces signaux peuvent également être présentés par des enfants gravement carencés, maltraités, ou négligés, la combinaison de ces indices est hautement significative de la présence de violences sexuelles.

Cette combinaison d'indices doit toujours provoquer la vigilance et motiver une exploration plus approfondie des relations familiales, des conditions de vie, de l'environnement et de la structure de personnalité de l'enfant.

Quels que soient les troubles présents, les violences sexuelles restent toujours une expérience traumatisante et destructrice pour l'enfant.

Les symptômes présentés par les enfants victimes de violences sexuelles signalent ces troubles graves. Lorsqu'ils ne sont pas repérés dans l'enfance et ne permettent pas à l'enfant de trouver l'aide et le soutien dont il a besoin, ils perdurent avec le temps, s'installent et se transforment en séquelles chez les adultes qu'ils deviennent.

Les séquelles repérées

L'enfant victime de violences sexuelles dans sa famille est un enfant abusé par une personne adulte envers laquelle il serait en droit d'être en confiance, et vis-à-vis de laquelle, il se trouve dans l'impossibilité de dire non, compte tenu de son âge et de son immaturité. La notion d'abus de pouvoir est importante, amplifiée par les liens qui unissent l'enfant et l'adulte.

Les liens familiaux permettent « l'accès facile » à l'enfant, le maintien de l'emprise et du secret, et la durée dans le temps des violences sexuelles. Ces liens familiaux peuvent d'ailleurs quelquefois ajouter au désarroi et à la confusion de l'enfant, lorsque l'agresseur lui manifeste de la tendresse, de l'intérêt ou lui offre des bénéfices secondaires, à d'autres moments.

Mais quelle que soit la relation qui existe, dès qu'il s'agit de violences sexuelles d'un adulte envers un enfant, c'est un abus de pouvoir. Abus de pouvoir qui se perpétue par l'enfermement de l'enfant dans le secret.

Ces injonctions qui maintiennent l'enfant dans la peur, et scellent le secret, sous-tendent la plupart du temps implicitement, que s'il parlait, il ne serait pas cru. Sa parole serait systématiquement disqualifiée. Se crée ainsi le premier paradoxe dans lequel est emprisonné l'enfant : « Ça va, la famille ne risque rien tout le temps où je ne parlerai pas ».

L'enfant s'oblige à croire, à penser, que « tout va bien » alors que tout son être lui dit le contraire, qu'il vit une véritable souffrance tant sur le plan physique dans l'atteinte à son corps, que sur le plan psychologique dans ses besoins bafoués de protection et de sécurité.

Il devient alors incapable d'avoir confiance en ses propres ressentis, de se faire confiance et de faire confiance aux autres. Profondément blessé dans son corps, l'enfant ressent du dégoût pour lui-même, le sentiment d'être sale et inférieur. En effet, parallèlement au fait qu'il s'accuse d'être coupable, de n'avoir pas su éviter ces violences sexuelles, de n'avoir pas su s'opposer, l'enfant se sent envahi d'un sentiment de honte, qui engendre de graves troubles du comportement.

Certains peuvent développer des phobies, se laver constamment dans l'espoir de devenir moins sales, alors qu'ils entrent dans un cercle vicieux, leur comportement ne faisant qu'amplifier leur malaise. D'autres peuvent se venger sur ce corps par qui le malheur est arrivé. Ils lui en veulent et lui font mal. Utilisé lui-même comme un objet, la victime de violences sexuelles violente son propre corps comme pour se libérer de sa souffrance. Les mécanismes de défense qu'elle a mis en place pour affronter le traumatisme, se retournent contre elle et deviennent le cœur d'une pathologie grave.

Sa capacité à sentir « juste » est anéantie, son corps ne peut plus lui servir de référence, il ne l'habite pas, ne le respecte pas comme il n'a pas été respecté. Les comportements adoptés peuvent être considérés comme autodestructeurs. Certaines victimes présentent des troubles de conduites alimentaires importantes, avec une tendance marquée à l'obésité. En l'absence de révélation, lorsque la victime devenue adulte est toujours prisonnière de son secret, nous pouvons en effet observer que certaines femmes tentent de se rendre asexuelles ou repoussantes en entretenant leur obésité.

D'autres victimes se caractérisent par leurs plaintes psychosomatiques. Elles se rendent constamment malades, souffrent en permanence, ou se montrent dans l'incapacité de se protéger et s'exposent aux accidents. Elles ne connaissent qu'une seule manière de prendre soin d'elles, c'est de se faire mal ou d'être « blessées ».

Dans la majorité de ces situations, l'agresseur s'occupait ou ne se préoccupait de sa victime qu'après l'acte de violences sexuelles. Douleur et affection sont associées, étroitement mêlées et inventer une autre forme de relation où la souffrance, la mutilation du corps ne seraient pas directement liées à la relation à l'autre demeure impossible.

La peur pouvant aller jusqu'à la terreur, l'anxiété qui en découle, amènent également certaines victimes à s'infliger des souffrances physiques ou morales. Elles agissent comme si ces souffrances pouvaient briser les émotions qui les submergent constamment. Enclines aux idées noires, à la dépression, au mal de vivre, les victimes passent à l'acte par des tentatives de suicide répétées. L'alcool ou la toxicomanie peuvent également devenir des moyens pour oublier.

Il n'est pas rare non plus de constater qu'à l'adolescence, les victimes, pour survivre, s'adaptent à ce qu'elles croient que les adultes attendent d'elles, c'est-à-dire être un objet, être exploitées, et les cas de prostitution sont fréquents chez les jeunes filles.

La prostitution, chez ces jeunes adolescentes, peut être interprétée comme un comportement séducteur, précoce, des conduites sexuelles débridées sont quelquefois utilisées comme arguments de défense par l'auteur, alors que ce n'est que la signature des violences sexuelles subies. Aller jusqu'au bout de l'avilissement, de l'humiliation représente une recherche vaine et désespérée pour se libérer de la souffrance.

Chez les garçons, il n'est pas rare de les voir devenir agresseurs. Agresser les autres comme pour agir la colère, se protéger de l'anxiété, la douleur et la honte, en tentant d'imposer leur volonté et vérifier leur pouvoir.

Outre le fait de se faire mal dans leur corps pour tenter de se soulager de l'anxiété et de la peur, ces victimes prennent aussi des décisions autodestructrices pour elles-mêmes. Elles ne peuvent accepter leur propre réussite, ou simplement l'éventualité de réussir. Elles mettent en échec tous les projets et même si elles possèdent de réelles capacités, elles sont persuadées de n'avoir pas de ressources et ne peuvent donc les exploiter.

Atteintes d'un profond sentiment de mésestime d'elles-mêmes, l'opinion de médiocrité qu'elles ressentent brise toutes leurs tentatives pour se sortir de leur mal-être et toutes les tentatives des personnes qui se voudraient aidantes.

En effet, en ce qui concerne la relation aux autres, les séquelles sont également présentes. Trahies dès leur plus jeune âge, elles sont incapables d'établir une relation simple, saine, fonctionnelle. Une réelle panique peut s'emparer d'elles, dès qu'elles se trouvent confrontées à des demandes de proximité ou d'intimité. Elles fuient alors toute personne qui s'approche par crainte d'être de nouveau trahies ou abusées.

L'isolement social devient alors leur refuge et le refus ou le manque d'intérêt pour les autres, leur prétexte. L'engagement dans des liaisons amoureuses, brèves, ponctuelles, intriquées, toujours insatisfaisantes, sans jamais pouvoir établir une relation durable et complète apparaît comme une autre manière de réagir. Ignorantes des limites et des frontières ou des besoins de l'autre, elles font fuir leurs partenaires étouffés et envahis par leurs demandes inassouvies. Elles passent alors d'une histoire d'amour à une autre, sans jamais comprendre pourquoi cela se produit ainsi.

Le profond sentiment de mésestime de soi peut également les pousser à saboter toutes les relations qui pourraient s'installer et se développer. Constamment sur la défensive, par leurs comportements agressifs, elles réussissent à ne pas faire entendre leur vraie souffrance et se font rejeter. Le rejet des autres les conforte dans leur sentiment de ne pas « en valoir la peine » et les rassure sur le bien-fondé d'entretenir leurs attitudes défensives.

Le second paradoxe dans lequel est emprisonné l'enfant aura lui aussi des conséquences extrêmement graves puisqu'il touche la structure de la personnalité. Comme le dit Mara Selvini[8] : « Le paradoxe apparaît lorsque la logique des relations est supprimée. C'est-à-dire lorsque quelqu'un est sollicité pour jouer deux ou trois rôles incompatibles à la fois ». Placée à la fois dans la position d'amant du parent agresseur, dans la posi-

8. M. Selvini-Palazzoli, L. Boscolo, G. Cecchin, G. Prata, *Paradoxe contre paradoxe*, ESF, 1978.

tion de « parent » du parent non agresseur (enfant parentifié dans un rôle de protection sacrificielle), dans la position d'enfant pour l'environnement social, la victime entre alors dans la confusion totale des niveaux de relations, des rôles, des règles, des frontières, des limites, des interdits...

Le temps s'accélère et s'arrête à la fois. Le stade de développement auquel l'enfant se trouve ne lui permet pas d'assimiler ce qu'on l'oblige à vivre. La relation sexuelle adulte, complexe qu'il subit, se situe bien au-delà de la maturité physique et psychique qui est la sienne. Le temps est accéléré puisque l'enfant est projeté malgré lui dans une relation adulte.

Mais la gravité de ce traumatisme provoque l'arrêt de son développement émotionnel et le temps reste suspendu.

Pour survivre psychologiquement à cette expérience destructrice, l'enfant va développer des défenses qui vont à l'avenir altérer sa personnalité, et son rapport au monde extérieur. Les sentiments, les émotions vont être comme gelés, engourdis. Devenues adultes, ces victimes souffrent de troubles appelés de dépersonnalisation, de dissociation.

Elles perdent le contact avec la réalité, et lorsqu'elles se trouvent confrontées à une situation de stress ou à caractère émotionnel, elles sont dans un état de choc. Un blocage des émotions liées à l'événement traumatique s'est installé pour former un écran entre elles et le monde extérieur.

Lorsque ces personnes atteintes de troubles dissociatifs s'expriment, elles parlent avec détachement d'événements dramatiques qu'elles ont vécus, comme si elles ne ressentaient rien. Les mots sont justes, mais les émotions totalement absentes, comme si elles n'étaient pas concernées par ce qu'elles évoquent.

Leur capacité émotionnelle est anesthésiée et tout ce refoulement des émotions provoque chez elles un véritable handicap en ce qui concerne les relations affectives et sexuelles.

Leurs capacités affectives, tant au niveau conjugal que parental, resteront réduites. Limitées dans leurs ressentis, et dans l'expression de leurs ressentis, elles ne pourront qu'être insatisfaites de la relation avec leur conjoint ou leurs enfants.

Un autre mécanisme de défense peut être la projection. Toute la rage contenue dans l'enfance explose à l'adolescence ou à l'âge adulte sans qu'elles puissent la contrôler. Elles réagissent constamment avec colère ou indignation. Elles revendiquent sans cesse, « j'ai le droit », « on me doit », s'insurgent contre l'injustice à leur égard... et reprochent aux autres leur hostilité. Chez les adolescents, le désir de vengeance, la rage s'expriment par des actes antisociaux et la délinquance.

Les victimes peuvent également présenter une amnésie de la période de l'enfance pendant laquelle les violences sexuelles ont eu lieu. Cette amnésie, comme ultime défense, accroît encore le désespoir, par l'absence de liens, que peut faire la victime, entre les difficultés relationnelles qu'elle rencontre et son passé. Elles ont quelquefois perdu leurs repères dans le temps. Elles sont incapables de se souvenir des dates anniversaires, de s'orienter dans le passé, de retrouver la chronologie des événements. Elles parlent de leur peur de devenir folles.

Les crises d'angoisse, les troubles du sommeil, les cauchemars, les dépressions, les troubles psychosomatiques deviennent des symptômes chroniques, qui peuvent nécessiter des soins en psychiatrie.

Même si chaque être humain est différent et ne peut être réduit à ce qu'il a vécu, même si chaque victime n'a pas intégré les violences sexuelles de la même manière, l'éventail des séquelles est large et démontre la gravité du traumatisme subi.

Les risques de reproduction intergénérationnels

Un adulte, victime de violences sexuelles dans son enfance, éprouve beaucoup de difficultés à traverser les différents cycles de sa vie sans que la problématique vécue ne soit réactivée. Ainsi, la constitution d'un couple est l'un des passages clefs à franchir et les désirs et les besoins présents dans le projet de vie commune portent déjà en eux les risques de reproduction intergénérationnelle des violences sexuelles.

Dans la majorité des situations étudiées, c'est le plus souvent la femme qui a été victime dans son enfance de violences sexuelles. Cela correspond d'ailleurs à la plupart des données statistiques.

Constitution des couples à risques

En ce qui concerne la femme, elle livre très rapidement dès les premières rencontres, à son futur conjoint, cet événement marquant de son passé.

Les violences sexuelles vécues représentent alors un élément très important dans la constitution du couple et déterminent rapidement la répartition des rôles acceptés par les deux membres du couple.

La femme qui lève le secret sur son enfance traumatisée recherche chez son partenaire la réparation de ses attentes de petite fille trahie : protection, respect, sécurité, non violence. Elle lui demande de la protéger, d'être celui qui lui apprendra un autre modèle de relation avec un homme, et le contrat implicite établi laisse sous-entendre qu'en retour elle sera une femme douce, aimante... reconnaissante.

Malheureusement, les mécanismes relationnels appris par la petite fille perdurent à l'âge adulte, et le plus souvent la femme se met en situation d'être méprisée. La peur de la proximité, la difficulté à vivre et partager une relation sexuelle ou même parfois le dégoût de celle-ci, l'incapacité à exprimer ses émotions sont ressenties par le conjoint comme du rejet et une trahison du contrat initial.

La rancœur et la déception du conjoint peuvent alors se manifester par la colère, la violence et le blâme. Pour la femme, le mépris qu'elle reçoit de la part de son conjoint, la conforte dans son sentiment de mésestime d'elle-même, comme par le passé lorsqu'elle était violentée.

Son repli sur elle-même, sa froideur, ses difficultés sexuelles s'amplifient et renforcent le conjoint dans son sentiment de rejet dont il est victime, sa violence devient plus exacerbée...

En ce qui concerne l'homme, lorsque sa future épouse lui révèle la situation, il apprécie la position protectrice qu'elle lui propose. Sa fragilité l'attire et lui donne le rôle de l'homme solide. En retour, ses attentes vis-à-vis d'elle, seront de recevoir tendresse, douceur, proximité affective et sexuelle.

Or le plus souvent dans notre expérience, nous avons constaté chez l'homme choisi que le petit garçon qu'il était a connu une mère froide, dominatrice voire rejetante. La rencontre avec sa conjointe correspond également pour lui à un désir de réparation de sa propre enfance.

Cet homme met en place, lui aussi, inconsciemment, des mécanismes relationnels enfouis dans l'enfance, pour assouvir son besoin de revanche et de punition vis-à-vis de la femme.

Lorsque sa conjointe exprime son mal-être par sa froideur, ses difficultés sexuelles, elle le renforce dans sa méfiance et alimente son désir de vengeance.

La relation conjugale qui s'instaure entre les deux partenaires devient une relation extrêmement complexe où les désirs de l'un sont en opposition avec les besoins de l'autre et inversement.

Bien que dans la constitution de ces couples, les hommes n'aient pas forcément subi de violences sexuelles dans leur enfance, il apparaît souvent que l'image maternelle est relativement négative.

Ces hommes décrivent leur mère comme dominatrice, froide et surtout méprisante vis-à-vis de l'homme considéré comme faible, soumis, et d'une valeur négligeable dans l'éducation des enfants.

Par contre, ils parlent de leur père comme capable de relations chaleureuses avec ses enfants, mais dans de nombreuses situations rencontrées, ils lui reprochent son alcoolisme.

Ces hommes souffrent de graves carences affectives et l'image de la femme est très dévalorisée à leurs yeux. L'épouse qu'ils choisissent se trouve considérée comme une personne fragile qu'il faut protéger mais aussi comme une « putain » qu'il faut mépriser et rejeter.

Ces couples reproduisent malgré eux, les mêmes schémas relationnels vécus dans leur propre famille lorsqu'ils étaient enfants. Aux difficultés rencontrées dans leur relation conjugale s'ajoutent les difficultés auxquelles ils se heurtent rapidement dans leur relation de parents.

De plus ce type de famille a tendance à se replier sur elle-même et à se fermer au monde extérieur.

Ce fonctionnement familial, autoritarisme et violence du père, soumission et mésestime d'elle-même de la mère, isolement par rapport au monde extérieur, situe alors cette famille dans les situations à risques de répétition intergénérationnelle de violences sexuelles sur les enfants. Ces risques peuvent encore s'accentuer avec l'alcoolisme du père ou des deux parents.

Ces familles formulent très rarement une demande d'aide et la refusent, ou s'y opposent lorsqu'elle leur est proposée. Lorsque quelquefois un travail d'aide est possible, souvent parce que les difficultés des enfants, à l'école par exemple, ont fait l'objet d'un signalement précoce, l'investigation sur les familles d'origine des deux conjoints est très délicate.

Ce travail tenté pour rompre la répétition intergénérationnelle se heurte à beaucoup de résistance de la part des deux membres du couple pour des raisons différentes. Pour la femme, elle reste souvent prisonnière de sa position sacrificielle et continue de protéger sa famille.

Pour l'homme, il lui est souvent difficile d'être interpellé sur ses comportements vis-à-vis de sa femme, persuadé qu'elle seule pose problème compte tenu de son passé.

*

* *

Savoir lire au travers du comportement d'un enfant ou d'un adulte la souffrance enfouie, qu'il ne peut exprimer par des mots, peut permettre à tout professionnel en contact avec eux, d'intervenir.

Ces troubles du comportement ou de la relation sont les seuls appels qu'ils soient capables de lancer. Comprendre ces appels, signaler les situations, protéger les victimes sont déterminants pour leur avenir.

Des actions sont possibles, l'expérience nous montre que plusieurs formes d'aides sont envisageables, c'est ce que nous développons dans le chapitre suivant.

Chapitre 3

Modifier les pratiques

Une situation concrète : Laurence se souvient...

Transcription des propos de la victime

Laurence parle du viol qu'elle a subi de la part de son père avec beaucoup d'émotion. Actuellement, en dernière année d'études d'infirmière à Paris, elle semble avoir trouvé un certain équilibre. Elle a un ami qu'elle retrouve tous les week-ends quand elle revient en Vendée.

— Maintenant, que dirais-tu de ce qui s'est passé ?

« C'était l'alcool qui a poussé mon père et puis aussi son entourage. Pourtant tous les hommes qui boivent ne font pas ça à leur fille. Il y avait aussi sa personnalité fragile. J'ai appris à l'école d'infirmière que l'alcoolisme est une maladie psychiatrique. D'apprendre cela, ça m'a fait voir autrement mon père ».

— C'est-à-dire ?

« Psychiatrie, ça veut dire folie, peut-être était-il fou ? Et puis, je ne savais pas ce qui m'arrivait. J'étais immature. Je ne connaissais rien à la sexualité. Je me doutais que ce n'était pas normal, mais je ne comprenais rien à ce qui se passait. C'est ma mère qui l'a vu sortir de ma chambre et qui m'a dit : « C'est un viol, c'est grave ». Elle a porté plainte. Je suis allée à l'hôpital. Les gendarmes m'ont posé des questions indiscrètes. Maintenant, je me dis qu'il fallait bien pour savoir. C'était très dur à ce moment-là ».

— Quand ta mère a porté plainte, est-ce que tu as pensé qu'elle te protégerait ?

« Je ne suis pas sûre. Je voulais qu'elle laisse papa. Elle me disait qu'elle l'aimait encore. Je me suis sentie trahie. J'ai pensé qu'elle préférait mon père. C'est alors que j'ai vécu chez ma grand-mère et chez ma tante. Je ne supportais pas maman. J'arrivais pas à la comprendre. Papa était en prison. Maman me disait d'aller lui rendre visite. Je ne voulais pas. Je n'avais aucune envie de le revoir ».

— Et pourtant, tu es retournée vivre avec ta mère et tes frères et sœurs ?

« Oui, maman venait chez ma grand-mère. Je la voyais. Je ne pouvais pas l'éliminer de ma vie. Elle payait mes études et me faisait vivre. Ma grand-mère m'a donc aidé à renouer avec ma mère. Ma grand-mère est une personne très importante pour moi. C'est ma deuxième mère ».

— Et la relation avec ton père, par la suite ?

« Je lui en veux toujours. Mon père ne doit plus intervenir dans ma vie. Il n'est plus mon père. Je n'admets aucun conseil, aucun ordre... De plus, j'ai beaucoup de mal au premier de l'an pour l'embrasser. La première fois après sa sortie de prison, je n'ai pas voulu l'embrasser. Il pleurait ».

— Tu n'as pas renoué avec ton père ?

« Non, je ne suis pas bien avec lui. Je voudrais lui dire tout le mal qu'il m'a fait. Je ne peux pas. Quand il déconne, qu'il a des propos grossiers avec ses copains sur le sexe, je ne supporte plus. Les autres quand ils disent des choses comme ça, je peux rire, mais pas lui... C'est pas possible ».

— Il a fait de la prison après ses actes. Est-ce que cela t'a aidé, toi ?

« Il n'a pas fait assez de prison. Il n'a pas assez payé. Il est revenu avant mes dix-huit ans. J'avais demandé à mon avocat « qu'il reste jusqu'à ma majorité ». Je dis toujours que la peine de mort devrait être rétablie pour le viol que j'ai subi. C'est inadmissible. Il n'a pas assez payé ».

— Son retour de prison a été difficile pour toi ?

« Oui. Dans un sens, je suis contente qu'il soit revenu car il a redonné à maman le goût de vivre. Elle est mieux depuis son retour. Mes parents s'aiment. Pour moi, c'est plus facile avec maman. Et avec mon père, je lui parle très peu. Il ne connaît rien de ma vie privée. Je lui montre uniquement mes notes de stage et d'évaluation. Il ne doit pas intervenir dans ma vie. Quand vous m'avez téléphoné pour me rencontrer, mon père était là. Il a entendu la conversation. Il se sentait humilié. J'essaierai de lui faire lire ce livre. Il faut qu'il comprenne ».

— Comment tu parlerais du mal qu'il t'a fait ?

[Hésitante] « Je ne sais pas bien dire. Il m'a blessée. C'est pas sorti de ma tête. C'est toujours là. Et puis, avec mon ami, ça a été difficile au début dans les rapports intimes, même encore aujourd'hui : s'il m'approche et qu'il a bu un verre ou deux, je ne supporte pas cette odeur. Avec lui, j'ai confiance. Au début, je banalisais les rapports sexuels. Je ne sentais rien. On est allé voir un sexologue. Ça va un peu mieux. J'ai confiance, car il connaît mon histoire et c'était comme moi, sa première expérience ».

— Qu'est-ce qui te restes surtout du mal que t'a fait ton père ?

« Des souvenirs douloureux, et puis je rejette mon père. Je n'ai pas de père. Je ne lui ai pas pardonné. Je n'oublierai jamais ».

— Et par rapport à ton corps, qu'est-ce que tu pourrais dire ?

« J'ai été sali. Et puis il y a cette idée d'avoir un enfant. J'ai peur de ne pas avoir d'enfant. Je me dis qu'il a dû me détruire. C'est toujours une peur. Heureusement, quand je parle à mon ami de ma peur, il m'écoute. A l'hôpital, pendant mes stages, une femme est arrivée pour une interruption volontaire de grossesse. J'aurais tant aimé discuter avec elle, mais cela m'était impossible. J'avais trop peur qu'elle me dise que c'était à cause d'un viol ».

— Tu dis que tu as encore beaucoup de ressentiment à la suite de ce viol et que tu as mal ?

« Oui. Ça ne partira jamais. On peut pas oublier [pleure] ».

— Comment faire pour aider les enfants à aller mieux après un viol comme tu as subi ?

« Il faut parler. Beaucoup parler. Vous m'avez aidé à parler au début. Pourtant c'était dur, mais je me suis exprimée. J'ai dit ce que j'avais sur le cœur. Ça m'a fait du bien. Et puis, j'étais entourée par ma mère, ma grand-mère, ma tante. C'est important ».

— Pourtant, tu as réussi tes études et tu as un ami ?

« Oui. J'ai toujours voulu réussir mes projets. Mon métier d'infirmière diplômée d'Etat était primordial. Je voulais réussir pour que mon père n'ait pas le dessus. Il n'est pas question de me laisser écraser. Je ne veux rien lui devoir. C'est moi qui finance mes études. Je veux être plus forte que lui. Il n'est pas le roi. Pour mon ami, mon père essaie d'être bien avec lui, mais lui garde ses distances ».

— Qu'est-ce que ton père pourrait faire, qui t'aiderait à être mieux ?

« Il faudrait qu'il s'excuse, qu'il me dise qu'il m'a fait du mal, qu'il le reconnaisse, qu'il me demande pardon. Il l'a fait par courrier quand il était en prison, mais pas en direct. S'il le faisait, peut-être que je lui pardonnerais. Peut-être ce serait mieux, peut-être... Mais ce n'est pas pour autant que j'oublierais ».

Analyse des actions menées dans cette famille (avec un recul de dix ans)

Lorsque son père la viole, Laurence a treize ans. Sa mère va réagir immédiatement en lui faisant faire un examen médical et en portant plainte, soutenue par sa propre famille d'origine. Madame Leroy semble avoir vécu très douloureusement cette situation, comme elle nous le dira plus tard. Les tensions avec son mari sont de plus en plus insupportables et la relation du couple s'est profondément dégradée depuis quelques années. Monsieur Leroy est alcoolique, violent et peu présent auprès des enfants. Sa femme a pris une place importante auprès de ces derniers qui, surtout les aînés, se sont mis à mépriser leur père.

Monsieur Leroy, d'abord en garde à vue, va très vite être incarcéré à la suite de ses aveux. C'est alors qu'une action éducative en milieu ouvert est instituée.

Au début, les entretiens se font soit avec la mère et les enfants, soit avec la mère seule ou Laurence seule. Nous rencontrerons aussi le père durant son séjour en prison comme prévenu. Dans un premier temps, nous avons contact avec une famille traumatisée parlant avec beaucoup de réticences des événements ayant entraîné l'incarcération ainsi que l'action éducative. Attachés aux valeurs traditionnelles d'unité et d'entente, cette famille vit mal la violence sexuelle subie par Laurence. Le père est alors rejeté par les enfants comme par la mère. Par ailleurs, l'unité familiale brisée est intolérable à chacun et Laurence exprime sa culpabilité et son sentiment d'être considérée par les siens comme responsable de cette cassure.

Durant toute cette période, outre le travail de facilitation de l'expression de chacun, nous dégagerons Laurence de sa culpabilité et engagerons le père à reconnaître ses responsabilités. Il le fera par courrier envers sa fille qui refuse les rencontres en prison.

La session des assises, au cours de laquelle Monsieur Leroy sera condamné à huit ans de réclusion criminelle représentera une période particulièrement difficile pour la famille. Pour Laurence, cette condamnation aura un effet positif. Elle pourra exprimer son agressivité envers son père, comme si la condamnation sociale rendait plus aisée cette expression.

Madame Leroy prendra plusieurs décisions à la suite du jugement. Elle quittera la maison familiale pour une autre habitation plus proche de sa famille d'origine et trouvera un travail rémunéré pour faire face à la charge financière de la famille. Elle souhaitera aussi, tout au moins pendant un temps, espacer les visites à la prison où est incarcéré son mari. Laurence refusera toute rencontre avec son père, malgré les souhaits de ce dernier et ceux de Madame Leroy.

Au cours de cette période, notre travail consistera à permettre à chacun de définir sa position dans la famille et de l'aider à la gérer avec les autres. Les hésitations de Madame Leroy quant à l'avenir sont particulièrement angoissantes tant pour elle que pour les enfants. Elle reconnaît avoir de la haine envers le mari qui a violé sa fille. Cependant, elle considère que son alcoolisme l'avait changé et est à l'origine de cette violence. Elle reste attachée à « l'autre homme », quand il n'a pas bu et qu'il est pour elle un compagnon tendre et solide. Cet « autre homme », elle imagine que la prison va le lui rendre car Monsieur Leroy, devenu abstinent par obligation, lui écrit des lettres où leurs valeurs communes réapparaissent, ainsi que la promesse de changer et de ne plus boire. Ses enfants, sauf Laurence, confirment leur souhait de retrouver leur père. Ils ne cachent pas pour autant leur peur concernant l'alcool et les violences à la suite d'un éventuel retour.

Laurence est en plein conflit de loyauté. Très attachée à sa mère qui l'a soutenue à la suite des violences subies, elle lui en veut de ne pas se séparer de son père. Pendant quelques mois, elle ira vivre chez sa grand-mère maternelle, ne supportant pas la tension avec sa mère.

Monsieur Leroy, rencontré en prison, nous dira son angoisse quant à l'avenir. Son sort, pour lui, dépend de la décision de sa femme. Nous l'engagerons à clarifier sa position et à renouer un dialogue avec sa femme et ses enfants. C'est alors qu'il demandera pardon, par lettre, à Laurence. Celle-ci ne lui répondra pas.

A l'issue de trois ans d'action éducative, nous ferons le bilan avec cette famille. A cette époque, le père a encore trois années de détention en perspective. Madame Leroy est toujours hésitante quant à l'avenir, ne sachant si elle ira dans le sens d'une séparation ou d'une reprise de la vie conjugale. Laurence a pris de la distance quant à la décision de sa mère. Elle envisage qu'elle aura alors presque vingt ans à la sortie de prison de son père et qu'elle sera autonome, affirmant qu'elle ne reverra pas son père à son retour. Par ailleurs, Laurence a une scolarité secondaire normale qui doit la conduire au bac. Ensuite, elle pense devenir infirmière.

Les autres enfants ne posent pas de problèmes particuliers qui justifieraient la poursuite de l'action éducative. Une décision d'arrêt est prise avec cependant la proposition, signifiée à la famille ainsi qu'au juge des enfants, que le retour de Monsieur Leroy puisse s'accompagner d'une nouvelle mesure d'action éducative.

Ce retour aura lieu plus tôt que prévu, Monsieur Leroy bénéficiant d'une remise de peine de deux ans pour sa bonne conduite en détention. C'est Madame Leroy qui nous sollicitera directement pour nous annoncer cette « bonne nouvelle » vis-à-vis de laquelle elle se manifeste son ambivalence. Au nom de ses valeurs et de son attachement à son mari, elle ne peut le rejeter mais elle craint la reprise de la vie commune. Elle redoute la réaction de Laurence qui n'accepte pas le retour prématuré de son père qu'elle vit comme une injustice à son égard.

Une nouvelle mesure éducative est instituée. Monsieur Leroy aura quelques permissions de week-end avant son retour définitif. Madame Leroy, angoissée par ces retrouvailles, nous demandera un accompagnement lors de la première permission de son mari, accompagnement qui se fera à l'accueil à la gare, et sera suivi par un entretien avec eux deux. Lors de cette entrevue émotionnellement très chargée, Madame Leroy dit ne pas avoir encore pris sa décision, qui dépendra de l'attitude de Monsieur Leroy lors de ces permissions. Elle lui demande de ne plus boire et d'accepter sa nouvelle autonomie : travail, habitudes prises de gérer seule le budget, l'éducation des enfants...

Un travail important sera fait quant à la reconstruction de ce nouveau couple quand l'un et l'autre auront clairement signifié leur désir de reprendre la vie commune. Laurence, rencontrée à plusieurs reprises lors de cette période, exprimera son désarroi, son impression d'être « lâchée » par sa mère. Il faudra du temps à l'adolescente pour admettre la présence de son père et accepter de renouer un minimum de liens avec lui. Nous inviterons aussi Monsieur Leroy à reconnaître comme légitime cette attitude de sa fille envers lui. Monsieur et Madame Leroy, à l'issue d'une année d'action éducative, considèrent que leur couple va bien et qu'il n'y a plus nécessité de poursuivre le travail entrepris.

Laurence vient d'atteindre sa majorité. Elle a réussi son bac et se montre décidée à quitter sa famille pour faire ses études et vivre indépendante.

Pour Monsieur Leroy, l'action éducative est un rappel de l'acte incestueux qu'il considère avoir « payé » par sa détention et il ne souhaite pas que cette action soit prolongée. Madame Leroy adhère à cette perspective, soulignant les propos et les changements de son mari.

L'interview de Laurence nous montre comment elle est encore blessée et demeure dans l'incapacité de retrouver un lien filial avec son père. Si nous avons travaillé à la réorganisation de cette famille, sans doute n'avons-nous pas suffisamment fait ressortir la nécessité que Monsieur Leroy prenne sur lui l'entière responsabilité de ses actes en dégageant complètement Laurence d'une quelconque participation à l'épisode incestueux. Ce travail de responsabilisation de l'auteur sur lequel insiste l'équipe du SICOF d'Amiens nous paraît indispensable pour boucler le drame de l'inceste.

Comme eux[9], nous pensons « qu'il s'agit de restaurer la hiérarchie du système familial, de rétablir chacun dans son rôle et sa position, de permettre que s'élaborent des règles claires et adaptées fixant à chacun les limites qu'il doit respecter. Pour autant, au sein de ces familles à problématique incestueuse, la crédibilité des parents est entamée et la confiance entre les différents membres de la famille est perdue, souvent depuis plusieurs générations ».

L'évocation de la situation de Laurence, et les principaux constats réalisés au cours de notre expérience professionnelle nous conduisent à présent à proposer quelques pistes d'actions au niveau de la protection et du soutien des victimes.

Améliorer la protection et le soutien des victimes

Le travailleur social en cas de révélation se trouve confronté à une absence de moyens sur le terrain qui accentue encore la détresse de la victime et le malaise de l'intervenant.

En effet, il n'est pas en mesure de connaître de façon précise la suite donnée par le procureur à la plainte, les possibilités d'accueil, le délai de la mise en place de la protection, la durée de cette protection, les différentes convocations auxquelles sera confronté l'enfant, le déroulement de l'instruction... De ce fait, il se trouve dans l'impossibilité d'informer et de rassurer la victime. Le travailleur social contribue ainsi à accroître son insécurité et met en péril la relation de confiance qui vient de s'instaurer.

Il devient donc une priorité de changer et d'améliorer les dispositifs existants afin que la victime soit réellement protégée et soutenue :

— en créant des lieux spécialisés de protection immédiate de la victime ;

— en maintenant l'intervention de la personne ayant reçu la révélation ;

— en assurant systématiquement la défense de la victime ;

— en imposant une obligation de soins à l'auteur de violences sexuelles.

9. Mary Erard, Géraldine Molliens, *Revue de thérapie familiale*, volume XII, 1992, n° 1.

Créer des lieux spécialisés de protection immédiate de la victime

1. Dans le cadre de l'hôpital

Dans le cadre de l'hôpital, il apparaît particulièrement intéressant de pouvoir disposer de quelques lits dans les services de pédiatrie. Le message donné à la victime en l'hospitalisant est la nécessité du soin parce qu'on lui a fait mal. Victime, l'enfant est blessé et son état nécessite une prise en charge et des examens médicaux. La blouse blanche et l'hygiène du cadre sont souvent des facteurs rassurants et réparateurs pour des enfants qui se sentent salis. Souvent, l'enfant violenté pense que son corps est abîmé, qu'il ne fonctionnera plus normalement et il a besoin d'être rassuré avec des mots simples, qu'il peut comprendre, sur les soins nécessaires pour que ce corps retrouve un bon fonctionnement.

La sensibilisation à cette problématique et la coopération du chef de service de pédiatrie et de son équipe ainsi que de certains spécialistes tels que gynécologues, pédopsychiatres peuvent considérablement aider l'enfant à traverser cette période difficile qui suit la révélation. En outre, « le maternage » exercé par le personnel autour de lui lui permet de redevenir un sujet respecté à part entière et de quitter sa place d'objet de l'adulte agresseur.

2. Dans le cadre des familles d'accueil

Il est primordial que le service de placement familial puisse recruter des familles d'accueil spécialisées. Ces familles devraient être sélectionnées selon des critères précis.

Le père d'accueil doit se sentir concerné par la problématique incestueuse de la jeune placée et doit être conscient de l'aide qu'il peut lui apporter par ses propres comportements. Il a un rôle à jouer au niveau des frontières en le clarifiant et en fixant des interdits notamment dans le domaine de la sexualité. Par exemple, lorsqu'une enfant agressée sexuellement tente d'érotiser la relation par des attitudes provocatrices, c'est à lui d'intervenir pour modifier le seul modèle qu'elle connaisse et lui réapprendre à établir une relation saine avec un homme.

Le fonctionnement du couple d'accueil doit être à la fois assez souple et assez solide pour faire face aux comportements perturbés de l'enfant qui peut engendrer des tensions au sein du couple et de la famille et éviter qu'ils se sentent menacés en tant que couple. Cela suppose qu'au sein du couple se manifestent communication et complicité. Le couple doit, en effet, pouvoir parler de ce qu'ils vivent ensemble, adopter des attitudes adéquates et permettre aussi à l'enfant de modifier son modèle relationnel et sa structure de personnalité.

Dans le cadre des lieux de vie, la sélection doit être effectuée sur des critères identiques. Pour l'enfant, se confronter à une autre « image paternelle » sans danger est une expérience structurante.

3. Dans le cadre du service d'accueil pour adolescent en pédopsychiatrie

Cette structure constitue un dispositif de protection pour l'adolescent qui se met en danger ou qui présente des troubles du comportement graves.

Dans le contexte de la révélation, il n'est pas rare de constater que des adolescents réagissent en menaçant de se suicider, en souffrant de crises d'angoisse aiguë, en développant des somatisations (paralysie, insomnies, troubles de l'endormissement, troubles alimentaires), en montrant un repli sur soi ou en ayant des accès délirants. Ils doivent être orientés dans des services de pédopsychiatrie.

La pression familiale, l'ampleur du traumatisme, l'angoisse et la culpabilité de la révélation entraînent parfois des perturbations psychologiques qui nécessitent « une mise à l'abri » par le biais d'une hospitalisation et une prise en charge massive spécifique et intensive par le biais d'une psychothérapie.

L'adolescent a besoin de la protection physique et individualisée des murs du service, qui offre un « contenant » et une aide psychothérapeutique par rapport au « contenu » c'est-à-dire les violences sexuelles dont il a été victime, afin de faire le lien entre son vécu et les symptômes qu'il présente.

Créer des groupes de parole pour les victimes de violences sexuelles

Les victimes de violences sexuelles éprouvent souvent de grandes difficultés à communiquer, à entrer en relation sur « un mode socialisé », et elles manifestent des perturbations de comportement qui peuvent aller de l'inhibition, de la provocation, à des accès d'hyperactivité émotionnelle, à des troubles dissociatifs graves.

En France, les premières expériences de groupe de parole, en référence à l'association « Alccooliques anonymes », ont été créées par « SOS inceste » et « SOS viol ». C'est à l'initiative de femmes ayant été violées que ces espaces se sont développés. Nous savons que les conséquences de l'inceste conduisent à des phénomènes d'autodévalorisation, de terreur et de culpabilité. S'intégrer à un groupe est une première étape dans la rupture de l'isolement.

Depuis plus d'une dizaine d'années, cette pratique s'est développée aux Etats-Unis, au Canada, en Hollande, elle a montré qu'elle apporte une aide à la victime en développant ses ressources, en atténuant le sentiment de honte, en brisant le secret, en retrouvant par l'expression de la parole une estime de soi, en resituant les responsabilités au niveau des violences sexuelles.

La création de groupes de parole serait une étape intermédiaire pour les victimes de violences sexuelles qui ne sont pas prêtes à se retrouver d'abord dans une relation de prise en charge individuelle. Ainsi, le groupe serait un lieu de soutien et permettrait de créer de nouveaux échanges relationnels structurants.

L'objectif de ces « groupes de parole » serait de faciliter l'expression verbale des sentiments et des émotions, et de développer les ressources des victimes d'inceste. Mis à part le fait qu'elles ne sont pas seules à vivre le sentiment de honte, les victimes de violences sexuelles ne sont pas toutes au même niveau d'élaboration de leurs difficultés : l'expérience de l'une peut être utile à l'autre.

Les violences sexuelles provoquent à l'intérieur de la personne un désordre[10], souffrance peut devenir insoutenable et rendre étrangère la personne à elle-même, si bien qu'elle peut adopter des comportements à risques, parfois suicidaires. Le fait d'être écouté dans un cadre spécifique fait fonction de « contenant » terme dont nous devons la connaissance à D. Anzieu[11] et permet de maîtriser ses émotions et de pouvoir les gérer dans le temps. L'onde de choc va bien au-delà de l'événement traumatisant. Selon des études américaines et belges[12], les traumatismes des violences sexuelles peuvent s'identifier « aux névroses traumatiques » (détournement d'avion, braquage de banque, attentats terroristes, rapatriés de guerre...). Ces « blessés psychiques » comme le souligne le

10. Cf. Introduction et chapitre 2.
11. D. Anzieu, *Le moi-peau.*
12. Y.M. Dolan, « Resolving sexual abuse », in : Docteur L. Isebaert, *Solution Focuse Therapy and Erickson Hypnosis for Adult Survivore*, Institut Korzybvski, Bruges.

Docteur Crocq (spécialiste français des traumatismes psychiques) ont pendant longtemps des réactions de stress, des troubles psychosomatiques et nécessitent des thérapies. Si des soins sont préconisés pour ces victimes, ils le sont d'autant plus pour celles se rapportant à des violences sexuelles.

Notre expérience professionnelle montre qu'à long terme, il existe des dégâts psychiques considérables dans la personnalité de la victime : état dissociatif, confusion, perte des repères, hyperémotivité, terreur.

L'œuvre d'Y.M. Dolan offre une vision nouvelle pour appréhender ce phénomène. Elle choisit « survivant » de l'inceste et non pas victime. Ce terme montre la force, la ténacité, les ressources que ces personnes devront développer pour survivre à cette atteinte psychique et physique. Comme le souligne L. Isebaert, à propos des thérapies d'anciennes victimes d'inceste : « Il n'est pas facile pour elles d'accepter de l'aide par une personne qui n'est pas impliquée ».

Les lieux de parole peuvent être un premier pas. Créer cet espace de travail d'élaboration psychique des traumatismes et de leurs conséquences ouvrirait des possibilités du processus de restauration de la personne : atténuer la honte, se sentir reconnu, s'affirmer et retrouver une estime de soi. Par ce cheminement de redécouverte de soi et de ses ressources, la personne peut se diriger vers une démarche de psychothérapie individuelle avec plus de sécurité afin d'envisager de devenir « maître d'œuvre de son existence ».

Maintenir, par décision de justice, un intervenant spécialisé auprès de la victime pendant et après la procédure

Quel que soit le cas de figure de la révélation de violences sexuelles, la victime doit pouvoir compter sur l'aide d'un intervenant pour traverser cette période tourmentée particulièrement difficile à assumer.

Dans le cas où les révélations sont faites à un travailleur social qui signale, il est essentiel que ce même travailleur social puisse poursuivre son intervention auprès de la victime. En effet, il est d'une grande importance que l'enfant sache, aussitôt après avoir révélé c'est-à-dire après avoir placé sa confiance dans cet adulte, qu'il ne sera pas « abandonné ». Sa condition de victime et la transgression du secret le mettent généralement dans un état de panique et de grande culpabilité. L'enfant a essentiellement besoin d'être rassuré. La présence de cet adulte, à qui il s'est confié, est un facteur de sécurité qui peut éviter la rétractation.

Lorsque la révélation a été faite à d'autres instances, il serait important de maintenir, par décision du juge des enfants, un intervenant spécialisé auprès de la victime afin de lui apporter un soutien stable et rassurant quoi qu'il arrive. En effet, de nombreux scénarios sont possibles à l'issue de la révélation :
— les pressions que l'enfant peut subir de son entourage vont l'amener à prendre peur et à se rétracter : pour garder des liens avec sa famille, l'enfant doit renier la réalité ;
— les entretiens et les examens, demandés par la justice en vue d'obtenir une preuve, sont souvent vécus comme une nouvelle intrusion, et l'enfant doit être aidé pour en comprendre le sens et la nécessité ;
— si l'enfant maintient ses dires, et qu'il est rejeté par sa famille qui le rend responsable d'avoir séduit, il doit impérativement avoir à ses côtés un adulte sur qui il peut compter ;
— lorsqu'il se rétracte et qu'aucune preuve n'a pu être faite par la justice, il peut retourner dans son milieu et risquer de nouveau de subir des violences sexuelles. L'accompagnement par un intervenant spécialisé est donc indispensable ;
— enfin, seul un intervenant spécialisé peut apporter une aide efficace et rassurante pour l'enfant, afin de se repérer dans le déroulement de la procédure et de donner un sens aux différentes étapes de la justice.

Les conséquences psychologiques de ces différents scénarios sont particulièrement graves sur les victimes de violences sexuelles. On assiste à d'importantes perturbations dans la relation du fait de la perte de confiance dans l'autre.

La restauration de cette confiance dans l'adulte passe donc par l'expérience d'une relation sécurisante et durable, avec la vérification pour l'enfant qu'il peut « compter sur cet adulte ».

Assurer la défense du mineur en justice

Après une révélation, l'enfant victime se retrouve dans un état de grande fragilité et de vulnérabilité qui est d'autant plus important lorsque l'enfant n'a pas le soutien et l'assurance d'être protégé par l'autre parent non agresseur.

En rompant le secret, il exprime toute sa souffrance par rapport à une relation de domination-soumission exercée par un adulte proche ayant trahi sa confiance. Il demande ainsi que cela s'arrête et développe après la révélation une culpabilité dans le sens où il se vit directement responsable de l'incarcération de l'adulte du fait de ses paroles et porte la honte sur lui.

Ensuite, l'enfant victime devra effectuer « un parcours du combattant » pour franchir les étapes de la procédure, audition à la gendarmerie, audition devant le juge d'instruction, la confrontation, les expertises médicales et psychiatriques, le déroulement du procès...

Si l'enfant victime n'a pas le soutien et n'est pas défendu par l'autre parent (la mère) qui porte plainte et se constitue partie civile (en tenant compte de toutes les difficultés et perturbations familiales entraînées par cette position dans la famille), l'enfant est seul et « ne fait pas le poids » face aux attitudes rejetantes de la famille et aux attitudes d'emprise de l'agresseur.

Lors des audiences au tribunal, le mineur se trouve isolé face aux interrogations du juge d'instruction, au discours de l'agresseur et à l'épreuve de la confrontation avec ce dernier. L'absence d'avocat auprès du mineur révèle une large disproportion des moyens déployés entre celui-ci par rapport à l'agresseur (adulte majeur ayant un pouvoir d'influence) qui se voit toujours entouré d'un défenseur.

Aussi, il ne s'agit pas de « retirer l'enfant du bain » où règne l'absence de frontières et confusion de règles, pour le « plonger dans un autre bain » où, tout en étant l'un des acteurs principaux, il sera incapable d'appréhender la complexité et les logiques des investigations.

Lorsque l'autre parent est totalement passif par rapport à l'enfant et ne fait rien pour le protéger, il est nécessaire d'assurer systématiquement sa défense. Il est essentiel que la procédure pénale, action faisant référence à la Loi soit porteuse de sens, c'est-à-dire que l'enfant victime soit reconnu en tant que sujet et que les prémices d'une restauration d'une image positive de lui-même soient clairement posées. La représentation de la défense de l'enfant victime dans l'intervention judiciaire est à développer.

En faisant référence à la loi du 10 juillet 1989, article 87-1 du Code de procédure pénale, la nomination d'un administrateur ad hoc doit permettre « d'exercer, s'il y a lieu, au nom de l'enfant, les droits reconnus à la partie civile ». Au début de l'investigation pénale, dans le cas où l'auteur des violences sexuelles est le détenteur de l'autorité parentale, le juge d'instruction désigne un administrateur ad hoc par l'intermédiaire d'un service chargé de missions de protection concernant l'enfance (service de l'Aide sociale à l'enfance, service en milieu ouvert, service de la protection judiciaire de la jeunesse...).

L'administrateur ad hoc rencontre l'enfant, explique son rôle et l'informe sur la possibilité d'être assisté d'un avocat. Il se porte partie civile représentant l'enfant et effectue de ce fait une demande d'aide juridictionnelle pour l'assistance d'un avocat pour l'enfant. Il est chargé de défendre les intérêts pécuniaires et surtout les intérêts moraux de l'enfant victime. En accompagnant l'enfant dans la procédure pénale, cela signifie symboliquement qu'il a le droit au respect de sa personne. Etre défendu par un avocat est aussi révélateur de l'importance accordée à sa personne face à l'agresseur.

Après la mise en place de l'aide juridictionnelle, l'enfant rencontre l'avocat qui le représente. Dans le sens d'une clarification des diverses interventions, l'enfant le rencontre dans son cabinet. L'avocat est le porte-parole de l'enfant, il peut le voir seul à sa demande.

L'administrateur ad hoc a tout au long de la procédure, une vigilance et une distance à avoir vis-à-vis de l'enfant, c'est-à-dire qu'il doit suivre ses réactions tout en lui apportant des points de repères dans la procédure, en le rassurant à certains moments, en lui expliquant les démarches et le verdict du procès.

Imposer une obligation de soins à l'auteur de violences sexuelles

Si l'incarcération de l'auteur des violences sexuelles est inscrite comme une mesure nécessaire vis-à-vis des préjudices commis sur des mineurs, elle n'est pas suffisante pour signifier les capacités d'évolution de l'auteur (risque de récidive). Elle représente seulement une partie de l'action à mener. L'inceste apparaît comme le produit d'une « rencontre accidentelle » entre des circonstances familiales et de répartitions de « rôles » concernant les membres de la famille[13].

Les symptômes développés par l'auteur de l'inceste sont liés pour une part à une profonde distorsion des relations intrafamiliales.

En tenant compte de notre expérience, nous constatons qu'il est rare que les auteurs fassent une demande de soins. Par contre, ils disent parfois qu'ils accepteraient des soins s'ils leur étaient imposés. Le droit à la contrainte de soins peut-il s'exer-

13. Cf. chapitre 2.

cer de la part des autorités judiciaires, lorsque les attitudes et comportements des auteurs de violences sexuelles ont gravement détruit leur entourage ainsi qu'eux-mêmes ? Comme le précise le Docteur Balier[14] : « Il y a une période importante où l'auteur se sent remis en cause, déprimé, où il est prêt à parler. Après le jugement, au contraire, il y a une phase de désintérêt pour lui-même. Il n'y a plus qu'à accomplir sa peine ».

Les services médico-psychologiques régionaux existent d'abord dans les maisons d'arrêt (qui accueillent les détenus avant leur procès ou pour des peines inférieures à un an). La prise en charge médico-psychologique peut donc être assurée : cela pose une réflexion sur le contexte à créer afin de définir des soins. Ces services ne seraient-ils pas importants à développer auprès des sujets qu'on ne peut atteindre autrement ?

Depuis 1991, à Caen dans un des établissements pénitenciers, parmi les délinquants sexuels, des pères incestueux ont entrepris une thérapie. « La thérapie diminue les risques, mais nous n'avons pas assez de recul pour dire dans quelles proportions », avertit le Docteur Coutanceau[15].

« Recommander des soins » serait un point d'ancrage dans la réalité, car le passage à l'acte incestueux est une atteinte à la dignité de l'être. Tous les auteurs de violences sexuelles sont-ils accessibles à des soins ? Cette question reste ouverte, par contre, « ne rien faire » est inconcevable. Très récemment, la législation française vient d'évoluer dans le sens de cette proposition.

Engager un travail avec le groupe familial

Il est rare que les membres d'une famille à transactions incestueuses, excepté quelquefois la victime, formulent une demande d'aide. L'auteur (le plus souvent le père) nie ou banalise son acte, le conjoint (le plus souvent la mère) espère que les problèmes viendront à disparaître par enchantement, les frères et sœurs éprouvent des difficultés à se situer entre les adultes et un membre de leur fratrie ; quant à la victime, elle souhaite tourner la page et oublier.

---

14. Docteur Balier, ancien chef de service de la prison de Varces. En 1993, il a été chargé d'une mission gouvernementale afin d'étudier des thérapies pour les auteurs de délits et de crimes sexuels.
15. Docteur Coutanceau, expert à la cour d'appel de Versailles, a créé une antenne de psychiatrie et de psychologie, en collaboration avec la justice. Depuis deux ans, il reçoit des auteurs de violences sexuelles.

Aucun des membres de la famille ne mesure réellement la gravité des répercussions et le traumatisme subi par la victime. Lorsque nous intervenons dans des situations de violences sexuelles, nous sommes dans le cadre d'un mandat judiciaire, ce qui nous autorise à obliger la famille à nous rencontrer, même en l'absence de toute demande d'aide de sa part.

Une longue expérience de travail avec Théo Compernolle, pédopsychiatre, nous a aidé à adapter le programme bâti par Cloé Madanes[16], dans le cadre spécifique de notre intervention sur mandat.

Cette grille de travail ne peut être appliquée que s'il y a aveu de l'agresseur, ce qui n'est pas la majorité des situations rencontrées.

Un travail de préparation aux entretiens familiaux est nécessaire, et s'effectue en entretien individuel, d'abord avec la victime, ensuite avec le père et enfin avec la mère, en respectant cet ordre.

Les entretiens familiaux peuvent alors se mettre en place, et les douze points élaborés par Cloé Madanes seront travaillés.

Le nombre d'entretiens nécessaires pour respecter ces douze points reste à l'initiative de l'intervenant compte tenu qu'il est difficile de prévoir le temps que durera chaque séquence de travail. Il reste néanmoins important qu'un point soit bouclé pour passer au suivant.

1. Lever le secret

Au point de départ de l'entretien avec toute la famille, l'objectif principal de l'intervenant est de lever le secret. Lever le secret n'est pas pire que le silence. Aucun secret ne doit plus exister quant aux faits qui se sont déroulés dans la famille.

Chaque membre, même les enfants plus jeunes sont informés, et aidés pour mettre des mots sur ce qui s'est passé. Ceci est capital pour que la victime soit bien située par tous les membres de la famille comme une victime, et l'auteur comme un coupable, afin de bloquer tous les fantasmes qui peuvent exister sur l'enfant « provocante » ou « aguicheuse ».

2. Signifier l'interdit

L'agresseur, puis chaque membre de la famille est interpellé pour démontrer la gravité de l'acte commis. Cette gravité

16. Cloé Madanes, psychologue américaine, formatrice et superviseur en thérapie familiale. Coordinatrice du Family Thérapy Institute de Washington.

doit être entendue par chacun. L'intervenant ponctue l'entretien pour que soit signifié d'abord par l'auteur, et par chaque membre de la famille, que l'inceste est un acte interdit.

Aucune circonstance atténuante ne peut être accordée à l'auteur, et tous les membres de la famille sont poussés par l'intervenant à découvrir combien les violences sexuelles sont destructrices.

3. Renforcer la souffrance

L'intervenant insiste sur la souffrance morale et affective vécue par la victime.

Les mots sont extrêmement importants, et doivent être choisis et adaptés au milieu social, pour être compris par chacun.

Chaque personne doit percevoir qu'il est question d'un traumatisme grave, de l'assassinat psychologique d'un enfant.

4. Dénoncer le fonctionnement familial

Ce travail, en faisant participer chaque membre de la famille, les oblige à pointer leurs responsabilités réciproques. Chaque personne peut alors mettre en évidence son rôle dans le drame qui se jouait.

Fermer les yeux, ne rien dire, ne rien entendre, ne rien faire revient alors à être complice de l'agresseur.

5. Assumer sa pleine responsabilité

L'auteur doit prendre l'entière responsabilité de ce qui s'est passé. Il est important de parler de la destruction pure et simple d'un être humain.

Ce cinquième point représente le nœud vital du travail familial, car en effet, c'est seulement si le coupable prend entièrement, complètement, toute la responsabilité de l'acte, que nous pourrons voir diminuer l'autoculpabilisation de la victime.

6. Demander pardon à la victime

Dans la procédure décrite par C. Madanes, le coupable doit demander pardon, à genoux. Un acte d'une grande intensité a été commis et qui va détruire la victime, un rituel, un acte restaurateur d'une intensité égale à l'acte destructeur est indispensable.

Il est difficile d'imaginer, au cours d'un entretien, un père s'agenouillant devant sa fille lui demander pardon. Ce sixième point nous a paru difficile à exécuter jusqu'à ce que nous utilisions la sculpture familiale ou scène de posture physique.

Privé de mots au cours de la sculpture, la seule expression de l'émotion, de l'intensité qui se joue entre le père et la fille, en présence du reste de la famille, reste la posture physique. Comment demander pardon, lorsque les mots sont interdits, si ce n'est en s'agenouillant et en implorant ?

Il est important de noter que la victime reste entièrement libre de refuser ce pardon demandé.

7. A chacun sa responsabilité

Chaque membre de la famille doit exprimer sa responsabilité de ne pas avoir protégé la victime.

Chacun doit percevoir comment il a agi, souvent sans agir, pour que l'acte incestueux ait pu être commis. La personne centrale de cette séquence est le plus souvent la mère, qui n'a pas su, elle aussi, tracer des frontières intergénérationnelles claires. Le huitième point peut alors être abordé.

8. Préparer une vigilance future

Une discussion a lieu avec chaque membre de la famille et entre eux, pour déceler les indices qui les aideront à être plus vigilants.

Il est nécessaire d'apprendre dans un premier temps à les repérer pour qu'ensuite chacun se positionne, et joue son rôle, de la place où il est, dans la protection.

9. Trouver une personne ressource

A ce stade du travail effectué avec la famille, la recherche d'une personne ressource, d'une personne confidente pour la victime est entreprise. Il s'agit d'une personne du réseau, de la famille élargie, sur qui la victime peut compter, en qui elle a confiance et chez qui, elle peut aller si elle en éprouve le besoin.

Il est important de tester si la victime est encore capable d'avoir confiance en une personne adulte, auprès de qui elle peut se sentir en sécurité et avoir la possibilité de se confier.

10. Réparation par l'auteur

Dans l'intérêt de la victime, pour le traumatisme subi, il est indispensable que l'auteur répare.

Ce thème est abordé comme des dommages et intérêts, à long terme, que l'agresseur doit verser à sa victime. Il est réellement question, sans détour, de réparations de la part de l'auteur et plusieurs solutions sont envisagées. Par exemple, cela peut être de l'argent versé sur un compte bancaire pour suivre des études, ou le règlement intégral de la psychothérapie entreprise par la victime.

La réparation doit être marquée dans le temps et pour un long terme.

11. La prise en charge individuelle

L'auteur et la victime sont orientés vers des prises en charge individuelle.

La victime : il est important qu'elle apprenne ce qu'est une relation sexuelle épanouissante, et qu'elle puisse également discerner comment se protéger.

Auparavant, un long cheminement sera à faire avec la victime pour qu'elle puisse avoir accès au « droit à la haine », se libérer de sa culpabilité, de la honte et du dégoût d'elle-même. Convaincue d'un dysfonctionnement de sa famille, de sa position sacrificielle, elle pourra rompre la chaîne des répétitions bien connues.

L'auteur des violences sexuelles : un programme thérapeutique envisageant son passé, l'élaboration d'un génogramme sur trois générations, permettra de mettre à jour les déviances sexuelles existantes et qui l'ont conduit à transgresser les frontières avec sa propre enfant.

12. Reconstruire des liens mère-fille

Il reste à aider la mère à renouer avec sa fille. Cela n'est pas si simple, et pas toujours possible, la plupart des enfants victimes en veulent à leur mère.

Lorsque le film des événements se déroule dans sa tête, lorsqu'elle devient capable de mettre des mots sur ce qui s'est passé, la victime découvre les indices qui lui révèlent la non-protection de sa mère. Elle retrouve toute l'intrication des actes et la puissance des injonctions qui lui étaient adressées.

La mère aura aussi à se situer par rapport à l'agresseur. Elle devra choisir de renouer des liens, ou de se séparer. Mais de toute évidence, il lui faudra inventer de nouvelles relations.

Cette grille de travail est américaine, pour nous Français, elle est souvent vécue comme choquante, voire impossible à utiliser. Pour l'avoir utilisée, nous pouvons affirmer son efficacité.

En préambule, il faut savoir qu'elle est très difficile à manier, que l'intensité des entretiens est considérable, et que le rôle de l'intervenant est capital pour éviter tout dérapage.

Il faut être convaincu que la priorité, la seule priorité est de sauver l'enfant violée. C'est au prix du renvoi massif et sans nuance des responsabilités sur l'auteur, de la mise à jour de l'implication des autres membres de la famille, surtout de la mère. Aucun traitement ne pourra être efficace si la victime n'est pas innocentée.

La limite la plus importante de cette grille reste que son utilisation n'est possible que s'il y a aveu de l'auteur, or nous savons que le déni des faits par l'auteur demeure la majorité des situations rencontrées.

Agir en concertation et en prévention

Le travail en partenariat

Pourquoi agir en partenariat

Jamais le mot *partenariat* n'a été autant utilisé qu'aujourd'hui, et chacun s'accorde à penser qu'il n'est plus possible d'agir seul face à la complexité des problèmes sociaux. La décentralisation de l'action sociale et la montée en puissance des différents dispositifs construits en fonction des problèmes repérés ne sont probablement pas étrangers à ce phénomène. Travailler en partenariat implique une méthode, un choix de pratiques professionnelles, qui peuvent être retenues à une époque, ou passablement amoindries à une autre, au gré des évolutions du travail social. Il n'y a pas encore si longtemps, la pratique de l'aide psychosociale individualisée était préconisée et enseignée dans les écoles de formation en travail social. On le voit, les pratiques professionnelles peuvent varier dans le temps. Travailler ensemble, bien souvent, ne reste pourtant qu'un postulat méthodologique.

Aborder la question de l'inceste et des violences sexuelles implique, selon nous, une obligation d'approche en concertation, compte tenu de la nature du problème à traiter pour plusieurs raisons essentielles.

1. L'inceste pose la question de l'interdit et de la transgression de la loi. Cette transgression ne peut apparaître que lors d'une révélation par la victime ou un proche, relayée par une procédure judiciaire.

En l'absence de révélation et/ou de preuves matérielles qui s'avèrent très rares dans les situations d'inceste, la justice, même si elle est saisie (dans les cas de suspicion par exemple) a très peu de chances d'aboutir, donc de signifier une transgression. Lors de notre enquête, sur quarante suspicions de violences sexuelles, deux poursuites judiciaires ont eu lieu : l'une a abouti à un non-lieu, et l'autre s'est traduite par une interdiction d'hébergement de la victime. A contrario, une révélation opérée, qui se solderait par une absence de saisie de la justice, signifierait à la victime qu'elle n'est pas en présence d'une pratique illégale et condamnable, d'où un renforcement de son état de confusion et de culpabilité. Cette situation n'est pas rare, puisque sur cinquante-neuf révélations, vingt-trois n'ont donné lieu à aucune poursuite judiciaire.

Révélation et procédure judiciaire nous apparaissent indissociables, non seulement pour des raisons juridiques au regard de la législation française, mais aussi et surtout pour *extérioriser* la situation d'inceste qui se caractérise toujours par un secret familial partagé. Le recours à la justice, afin de signifier la transgression, nous semble être un *acte fondateur* de travail possible ultérieur auprès de l'ensemble de la famille, indépendamment de l'issue judiciaire qui sera donnée. La révélation et la sanction ne doivent pas s'inscrire sur un même registre pour l'enfant. Les relier ne ferait que renforcer sa culpabilité (par exemple, lorsque le père va en prison).

On le voit, toute révélation d'inceste introduit une action à mener sur deux espaces distincts, l'espace *judiciaire* et l'espace du *travail social*. C'est seulement à partir d'une conscience claire de cette double dimension qu'un travail de concertation pourra raisonnablement être envisagé.

2. Le travail de concertation est aussi rendu nécessaire afin d'éviter une reproduction de la problématique de la famille à transaction incestueuse. Celle-ci est caractérisée, comme nous l'avons vu précédemment, et ainsi que le souligne le Docteur Barudy[17], par l'éclatement de la famille qui survient en général au moment de la révélation. Nous ne sommes plus en présence d'une famille, mais face à des personnes qui souffrent, se déchirent, s'accusent, se protègent ou se séparent. La famille est en crise, crise inévitable pour amener des changements ultérieurs dans l'organisation du système familial. Il faut donc être vigilant à ne pas reproduire dans les interventions juridico-

17. Dr J. Barudy, *op. cit.*

sociales un modèle d'éclatement qui provoque une grande confusion pour la victime et sa famille. Face à la crise de la famille, les intervenants peuvent agir dans la précipitation, avec des données partielles, en laissant libre cours aux affects qui apparaissent toujours dans ce type de situations. La concertation entre les différents intervenants, quand elle se réalise de façon satisfaisante, est une garantie d'approche plus sereine et plus professionnelle d'un problème complexe et difficile à gérer pour tous. A notre sens, plus les difficultés rencontrées par la famille sont nombreuses et à différents niveaux, et plus les réponses judiciaires et sociales se doivent d'être claires, cohérentes et organisées.

3. L'intérêt et la nécessité d'agir en concertation réside également dans le fait que l'*inceste* reste un phénomène marqué sous le sceau du secret familial, aucun membre de la famille ne pouvant ou ne souhaitant faire apparaître la vérité au grand jour. C'est bien ce qui constitue une des difficultés majeures pour aborder et traiter la question de l'inceste. A partir de là, il y a un intérêt certain à informer le plus largement possible, tout public qui peut être en position, un jour ou l'autre, de recueillir une révélation d'inceste, ou à tout le moins, de repérer des symptômes inquiétants chez un enfant qu'il connaît. Ce serait probablement une erreur de penser que les questions de *maltraitance* ou de *violences sexuelles* sont exclusivement l'affaire de spécialistes. S'il est vrai que le « traitement » de pareilles situations exige le recours à du personnel formé et compétent, il n'en demeure pas moins que toute personne approchant régulièrement des enfants, dans le cadre d'activités professionnelles ou de loisirs, est susceptible de recueillir une révélation de ce type. En pareille circonstance, il importe d'avoir un minimum d'éléments sur la conduite à tenir, et les suites qui seront données. Agir ensemble, mais comment ?

Avec qui agir en partenariat

Si la nécessité de travailler ensemble est généralement reconnue par tous, la méthode à utiliser pour y parvenir fait cruellement défaut. Car la loi de juillet 1989[18] relative à l'enfance maltraitée dit *qu'il faut* faire, mais ne dit pas *comment* le faire. C'est d'ailleurs l'une des difficultés importantes à laquelle se heurte le travail social actuellement, avec des différents dis-

18. *Op. cit.*

positifs à approche transversale, de ces dernières années : RMI, Lois Besson, Niertz, dispositifs jeunes, comités de prévention de la délinquance, régies de quartiers, etc.

Plus le nombre d'intervenants augmente, et plus il devient difficile d'organiser un plan d'aide cohérent pour la famille. Tout se passe comme si chaque institution défendait sa propre vision du problème, vision qui ne peut être que parcellaire et orientée en fonction de l'angle d'approche.

Agir ensemble sur la question de l'inceste, c'est d'abord comprendre, puis accepter, qu'il y a *deux* institutions qui travaillent sur le même problème, avec des finalités différentes : l'institution judiciaire et l'institution du travail social.

L'institution judiciaire, au sens large, regroupe : les différents magistrats (procureur de la République, juge d'instruction, juge des enfants, les avocats), les brigades d'intervention de police ou gendarmerie, les médecins experts commis.

L'institution du travail social est représentée par les services de protection de l'enfance publics ou privés, notamment le service de l'Aide sociale à l'enfance et les services sociaux départementaux, la protection judiciaire de la jeunesse et les associations privées type Sauvegarde de l'enfance ou autres.

La reconnaissance de ces deux institutions différenciées implique une acceptation de champs de compétences distincts et complémentaires :

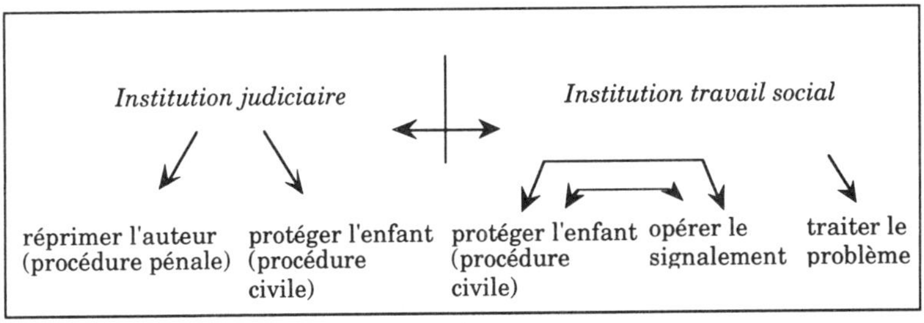

En présence d'une révélation de violences sexuelles commises sur un mineur, l'institution judiciaire, une fois informée, va agir, dans le respect des libertés individuelles, en protégeant la victime de façon à interdire toute possibilité de récidive, et en recherchant la preuve de l'authenticité des faits reprochés à l'auteur. Au niveau de la victime, il s'agira d'une procédure civile, alors que pour l'agresseur, la procédure sera pénale.

L'institution du travail social sera chargée d'opérer le signalement aux autorités compétentes, et de mettre en place une protection de l'enfant en lien avec l'institution judiciaire. Plus globalement, une action auprès de la famille pourra être menée sous la forme de mesures d'assistance éducative en milieu ouvert ordonnées par le juge des enfants.

Le point commun entre les deux institutions est la *protection de l'enfant*. C'est à partir de cette constante qu'il va être possible de construire des réponses appropriées dans l'intérêt de l'enfant, en respectant le droit, les libertés individuelles, et les obligations professionnelles de chacun. Nous ne pensons pas, contrairement à ce qui est proposé dans le récent ouvrage *L'inceste. Comprendre pour intervenir*[19] qu'il soit nécessaire de repenser l'intervention judiciaire non pénale. Faisant état des risques que toute procédure pénale comporte pour l'enfant, dans son instauration, son déroulement et ses conséquences, les auteurs proposent la « possibilité d'un traitement volontaire, éventuellement demandé par les intéressés, sans qu'il y ait obligatoirement ingérence de la justice, tout en s'assurant de la protection réelle de l'enfant par rapport à l'abuseur ».

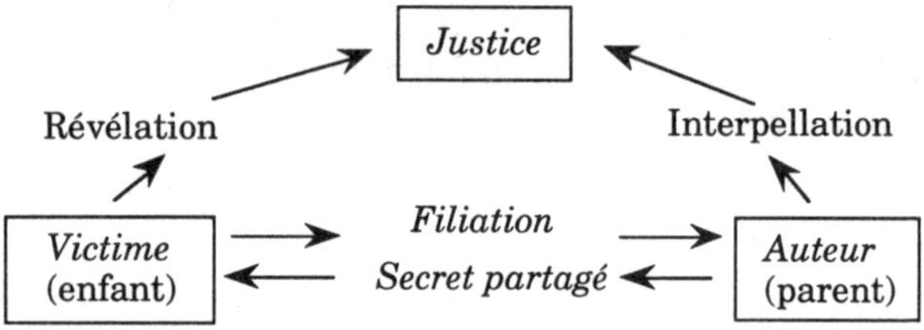

Ce n'est pas le recours à la justice qui s'avère traumatisant pour la victime, mais *bien la façon dont les interventions judiciaires et sociales vont opérer leurs interactions.* Il ne nous paraît pas acceptable, en matière d'inceste, de considérer que l'intervention de la société dans une famille puisse être subsidiaire, alors que nous sommes en présence d'un crime qui aura des effets dévastateurs sur la victime pendant de longues années. Traiter différemment l'inceste, c'est vouloir se substituer à la justice et introduire sa propre loi venant contrecarrer la loi de toute-puissance de l'auteur de violences sexuelles, et prendre le risque de ne plus pouvoir agir. A contrario, saisir la justice, c'est

19. A. Crivillé, M. Deschamps, C. Fernet, M.F. Sittler, *L'inceste. Comprendre pour intervenir*, Privat, 1994, p. 209.

faire appel au *tiers* qui va séparer le double lien qui unit la victime à l'auteur.

L'enfant victime d'inceste ne peut dénoncer son père, et continue de conserver ce secret partagé. Les frontières générationnelles n'existent plus, et la perméabilité à l'extérieur est impossible.

Le juge va pouvoir expliquer à l'enfant qu'il n'est pas responsable de ce qui lui est arrivé. Il n'est pas en faute, et il doit être protégé. C'est de la responsabilité des parents de protéger leurs enfants. S'ils ne le font pas, la société va intervenir. Enfin, si la responsabilité et la culpabilité de l'agresseur sont établies, la justice est fondée à prendre des sanctions à son égard. Une séparation nette est nécessaire entre l'irresponsabilité de l'enfant dans ce qu'il a vécu et les conséquences qui en découlent, et la totale responsabilité de l'adulte dans son passage à l'acte.

Ce recours à la justice nous semble de la plus haute importance pour signifier la transgression d'un interdit, *resituer l'enfant dans sa généalogie,* et entreprendre des actions d'aide et de soutien de l'enfant par décision de justice, ce qui légitime le discours sur la protection de l'enfant. Il n'entre pas, selon nous, dans les attributions du travail social d'œuvrer à la recherche de la preuve, ou de préconiser des sanctions pénales pour les auteurs de violences sexuelles. L'important, c'est que les actes posés et les décisions prises par chaque intervenant soient en plein accord avec le droit, en veillant à toujours respecter l'intérêt de l'enfant. A titre d'exemple, alors que notre association était désignée en qualité d'administrateur ad hoc[20] pour défendre les intérêts d'une mineure violée par son beau-père, nous avons pu éviter une confrontation très difficile entre la victime et l'auteur, le juge d'instruction tenant compte des risques psychologiques mentionnés par une psychologue commise pour la circonstance.

Tout au début de notre recherche sur l'*inceste* et les violences sexuelles, notre démarche était motivée principalement par le désir d'aboutir à ce que nous nommions « un protocole d'accord entre la justice et les services sociaux » à propos des situations d'inceste.

Nous avions également pris connaissance des propositions formulées par les travailleurs sociaux du centre des Buttes-

20. Administrateur ad hoc : article 13 de la loi du 10 juillet 1989 relative à la prévention des mauvais traitements à l'égard des mineurs et à la protection de l'enfance.

Chaumont[21] qui apportent des avancées significatives dans ce domaine. En particulier, il est proposé une protection immédiate de l'enfant, ainsi qu'une mise en garde à vue de l'auteur présumé des faits dans les mêmes délais. Afin de ne pas accroître la souffrance de l'enfant, ce protocole évoque la possibilité de réduire au minimum les examens médicaux légaux de l'enfant ainsi que les confrontations avec l'agresseur. La désignation d'un administrateur ad hoc devrait être facilitée pour tous les cas d'abus sexuels. Enfin, il est suggéré une meilleure articulation des mesures entre elles : incarcération de l'auteur, interdiction de séjour et de contact avec les enfants, obligation de soins, déchéance d'autorité parentale, attribution de « dommages d'enfance » à la victime.

En progressant dans notre recherche, et suite aux contacts que nous avons eus, à plusieurs périodes, avec les autorités judiciaires, nous avons progressivement renoncé à l'élaboration d'un protocole d'intervention commun entre l'institution judiciaire et l'institution du travail social. Nous avons pris conscience, au fil des rencontres et des réflexions, qu'il n'était pas possible de faire entrer les impératifs légitimes du travail social dans la logique de l'institution judiciaire, et, réciproquement, qu'il pouvait être dangereux, à terme, que le travail social s'enferme dans un « codage juridique » une fois le protocole d'intervention accepté et reconnu par le champ judiciaire. Force est de reconnaître qu'il y a bien deux institutions distinctes et nécessaires pour traiter la question de l'inceste. S'il doit y avoir protocole d'intervention, ce n'est pas un, mais deux qu'il faut envisager, l'un concernant l'institution judiciaire, l'autre relatif à l'institution du travail social.

Le point commun qui doit permettre la concertation s'articule autour de la protection de l'enfant et de la défense de ses intérêts.

A partir de ce constat, il nous a été possible de mieux cibler nos interventions, nos limites, et de comprendre les impératifs et le travail à réaliser par l'autorité judiciaire. Au lieu de rejeter les difficultés rencontrées sur « l'autre », nous avons appris à nous écouter, à comprendre nos missions respectives, à nous entendre pour mieux protéger l'enfant.

---

21. *Op. cit.*

Les avancées réalisées

Nous ne prétendons pas ici développer une méthode pouvant s'appliquer à toutes les situations d'inceste ou de violences sexuelles. De même, nous ne préconiserons pas d'utiliser une technique plus particulière, qu'elle soit individuelle, systémique, comportementale, ou autre. Ce qui nous semble important, c'est de repérer les différents cadres d'intervention, et leur articulation. A partir de là, il devient possible d'en mesurer les effets sur la victime et sa famille, et donc d'agir en vue d'apporter des améliorations.

Ainsi, au début de notre recherche, nous étions encore hésitants quant à la conduite à tenir lors d'une révélation d'inceste : signaler bien sûr, mais à qui, dans quels délais, avec quels effets, et pour quelle suite (ou non), dans l'action éducative menée auprès du mineur et de sa famille ? Plusieurs séances de travail, réparties entre septembre 1991 et avril 1993, ont réuni les principaux intervenants concernés, tant dans l'institution judiciaire que dans l'institution travail social :
— procureur de la République et substitut chargé des mineurs ;
— juge d'instruction ;
— juge des enfants ;
— avocats ;
— brigade de recherches, police, gendarmerie ;
— responsables de la direction de la Solidarité et de la Famille
— du conseil général ;
— direction de la protection judiciaire de la jeunesse ;
— responsables de la sauvegarde de l'enfance ;
— déléguée départementale de l'Association française d'information et de recherche sur l'enfance maltraitée (AFIREM).

Nous avons pu réfléchir ensemble à la question des violences sexuelles, chacun apportant sa vision, sa compréhension, et ses obligations professionnelles. Il a été possible d'avancer dans plusieurs directions :

1. La révélation

Les modalités de transmission (rapport écrit) à l'autorité judiciaire, ainsi que les délais préconisés (quatre ou cinq jours maximum, moins si les faits viennent de se produire) ont été précisés en tenant compte des impératifs de chaque institution, tant pour la protection du mineur, que pour la recherche de la preuve sur le plan pénal. Nous avons obtenu l'assurance (ce qui s'est vérifié par la suite) d'une intervention rapide de la justice, au niveau de l'enquête, à chaque fois que nous porterions à sa connaissance une révélation de violences sexuelles. Ces précisions apportées au niveau de la procédure, il devenait plus simple pour le travailleur social de baliser son travail et d'expliquer à l'enfant les suites qui seraient données.

Le travail de concertation entre la brigade des recherches et notre service fut également précisé. En particulier, afin de ne pas compromettre leur travail d'investigation, il fut convenu de ne pas révéler à la famille la transmission de notre signalement aux autorités judiciaires tant que l'auteur présumé n'avait pas été entendu.

2. Articulation entre la procédure pénale et la procédure civile

C'est un point particulièrement délicat et qui est souvent dénoncé par les travailleurs sociaux. Très souvent, il y a un décalage dans le temps entre l'intervention du juge des enfants qui est généralement rapide quand il est saisi d'une situation de violences sexuelles perpétrées sur un mineur, et l'intervention du procureur de la République qui peut diligenter une enquête pénale dans des délais plus ou moins longs. Ce décalage des procédures a pour conséquences de mettre encore un peu plus en difficulté la victime de violences sexuelles car :
— soit l'enfant reste dans son milieu familial, auprès de l'auteur (souvent le père) qui, une fois informé de la révélation, peut agir en représailles sur la victime, tant en ayant le temps de préparer sa défense en justice ;
— soit l'enfant est placé, et cet éloignement produit souvent un « effet-sanction » pour la victime, obligée de quitter ses proches et son environnement, se trouvant ainsi doublement pénalisée.

Il nous apparaît de la plus haute importance que les procédures civiles et pénales soient synchronisées dans le temps et que l'intérêt de l'enfant qui est, rappelons-le, la victime, soit toujours pris en compte. Dans cette optique, en lien avec la justice, nous avons considérablement progressé en termes de délais.

3. Maintien d'une intervention éducative

En présence d'une révélation de violences sexuelles par un mineur, notre intervention dans le cadre d'une action éducative en milieu ouvert pouvait se poursuivre tant que le mineur était dans sa famille. S'il était placé, suite à la révélation, notre service était dessaisi de la mesure, puisqu'une autre mesure de protection était prise.

Cette pratique, conforme aux textes législatifs et habituelle dans les départements, avait un effet très négatif et perturbant pour l'enfant qui s'était confié à un travailleur social, lui accordant sa confiance (ce qui n'est pas rien pour un enfant déjà trahi par un adulte, de surcroît son parent), et qui brutalement voyait la relation s'interrompre. Le maintien du même intervenant pendant toute la durée de la procédure nous semble indispensable. Nous rejoignons dans ce sens l'expérience originale et intéressante qui est réalisée par l'association girondine d'éducation spécialisée et de prévention sociale[22], service de prévention des violences parentales créé en 1984. Ce service propose un accompagnement des jeunes victimes de violences sexuelles, sur décision de justice (assistance éducative en milieu ouvert) avec présence aux actes de la procédure afin d'aider l'enfant à supporter le poids de sa révélation. Dans notre département, il a été possible, suite aux réunions de concertation, de maintenir l'intervention éducative, après révélation, dans une durée, ce qui est pour nous une avancée significative.

4. La défense des intérêts de l'enfant en Justice ; l'administration ad hoc

Cette pratique était très peu utilisée dans notre département avant 1991. Nous avons réfléchi, partenaires judiciaires et sociaux, à la forme d'utilisation la plus adéquate pour la défense des mineurs. Afin d'éviter de se trouver au cœur d'un conflit d'intérêts si le même service est chargé d'une mesure éducative auprès des parents, et dans le même temps est désigné administrateur ad hoc pour défendre les intérêts d'un enfant contre l'un de ses parents, il a été convenu de réaliser des désignations croisées, entre les différents services pouvant être nommés administrateur ad hoc : Aide sociale à l'enfance, direction de la protection judiciaire de la jeunesse, union départementale des associations familiales, sauvegarde. Ainsi, si notre service exerce une mesure éducative auprès d'une famille où il y a révélation de violences sexuelles, la désignation d'un administrateur ad hoc concernera un autre service ne connaissant pas la famille.

22. CREAI d'Aquitaine, *Le nouveau Mascaret*, n° 22, février 1994 : « Une action expérimentale d'accompagnement éducatif des mineurs victimes d'abus sexuels intra-familiaux au cours de la procédure pénale ».

Pour aller plus loin...

Les différentes réunions et séances de travail, échelonnées dans le temps, ont introduit un début de dynamique des différents acteurs médicaux, sociaux, éducatifs autour des violences sexuelles concernant des enfants. Chacun, et chaque service, a pris conscience qu'une réflexion plus large, regroupant les principaux acteurs concernés, méritait d'être menée. En particulier, il nous est apparu que les mesures de protection *adaptées* des victimes restaient très limitées.

Lorsqu'il n'y a pas dans un département de lieu d'accueil d'urgence pour les mineurs victimes de violences sexuelles, il serait intéressant de réfléchir, avec les autres acteurs concernés, à une variété de type d'accueil (foyers, familles d'accueil spécialisées, lieux de vie, unité hospitalière spécifique) pouvant répondre à la problématique individuelle de chaque victime. Ensemble, magistrats, médecins et travailleurs sociaux, nous pourrions imaginer des solutions de prise en charge prenant en compte, en priorité, l'intérêt de l'enfant, au lieu de se limiter aux réponses structurelles actuelles qui demeurent classiques en termes de protection de l'enfance.

Ces diverses réflexions, bien que riches, soulignent les limites de notre travail en concertation. En effet, il nous faut prendre en compte la grande hétérogénéité des personnes tant au niveau de la formation, de la connaissance du problème, et des missions de chaque service. Ces séances de travail existent grâce à la sensibilité, la disponibilité et la motivation de personnes qui peuvent à tout moment disparaître de la scène, pour des raisons professionnelles ou personnelles.

Il s'avère indispensable aujourd'hui de créer une structure départementale interpartenariale relative à l'enfance maltraitée.

Proposition de création d'un observatoire départemental pour l'enfance maltraitée (ODEM)

En juin 1992, un premier bilan de la loi du 10 juillet 1989 sur l'enfance maltraitée a été réalisé par un groupe permanent interministériel. Ce rapport souligne, entre autres, « une insuffisance de la concertation entre les services, et des disparités entre les départements dans le dispositif de prise en charge »[23].

Plus récemment, l'ODAS[24] préconisait « le recours à une démarche concertée dans la mise en œuvre du dispositif d'observation » ainsi que la création, par le service de l'Aide sociale à l'enfance, d'un comité technique de l'observation départementale de l'enfance en danger.

Ces indications et orientations rejoignent complètement les constats que nous avons réalisés dans notre département. Il ne peut y avoir de concertation élargie durable sans une volonté politique d'introduire un cadre et une méthodologie relatifs à la question de l'enfance maltraitée.

La création d'un observatoire départemental pour l'enfance maltraitée, regroupant les différents acteurs impliqués dans la protection de l'enfance présenterait l'intérêt de rendre permanent la concertation et d'introduire, à terme, une méthodologie d'interventions possibles, comme c'est déjà le cas dans le département de l'Isère[25].

Cet observatoire pourrait se donner pour principaux objectifs de repérer l'ampleur du problème au niveau départemental et les réponses actuelles qui sont apportées. Quelles améliorations sont possibles ? Dans quels délais et avec quels moyens ? Il pourrait aussi favoriser les liens et la coordination des différents intervenants dans les situations de maltraitance et violences sexuelles. Par exemple, sans entraver l'action judiciaire qui suit son déroulement normal lors d'une révélation de violences sexuelles, il serait intéressant qu'une *cellule technique,* regroupant les différents acteurs impliqués, puissent examiner rapidement les réponses possibles, sur différents plans, dans l'intérêt du mineur. Cela permettrait d'appréhender la réponse sociale dans sa globalité. Enfin, il est indispensable de mener des actions de *prévention*.

Il nous semble que c'est un domaine encore peu exploré. Si, depuis plusieurs années, l'action conjuguée des pouvoirs publics et des médias a permis une prise de conscience par le grand public des situations d'enfants maltraités ou violentés, le repérage

---

23. *Courrier de la Chancellerie*, juin 1993 ; *Enfance maltraitée : bilan de la loi du 10 juillet 1989.*
24. « Observatoire national de l'action sociale décentralisée », *TSA*, 8 avril 1994.
25. *ODEM*, n° 2, premier trimestre 1995. « Le 24 novembre 1994, signature conjointe d'un protocole d'accord par le préfet, le conseil général et les tribunaux de grande instance ».

précoce de ce type de situations et les conduites à tenir en la circonstance demeurent peu développés. D'où le malaise qui se traduit ainsi : « A qui le dire et que va-t-il se passer après ? ».

Les propos qui vont suivre ne prétendent aucunement constituer une méthode d'intervention fiable et reconnue. Nous l'avons dit, toute situation de violences sexuelles est une situation complexe, et son traitement doit être individualisé et adapté.

Notre pratique et notre expérience auprès des familles à transactions incestueuses nous permettent à présent d'introduire quelques pistes de réflexion en termes de repérage et d'intervention.

La prévention

Repérage des situations à risques

Une longue expérience de travail dans des situations de violences sexuelles nous a permis de développer une qualité d'observation des signaux d'alarme présentés par les enfants victimes d'inceste.

Nous distinguerons les jeunes enfants des adolescents même si nous y retrouvons des signaux communs.

1. *Chez les jeunes enfants,* les symptômes touchent toutes les sphères de l'activité.

Sur le plan somatique, ces jeunes enfants se plaignent de fatigue, de maux de tête. Ils sont sujets à des infections urinaires à répétition, à des douleurs dans la région génitale. La mère parle de difficultés liées à l'alimentation (anorexie, boulimie, vomissements), de troubles du sommeil (cauchemars, refus d'aller se coucher, peur de s'endormir). Une reprise de l'énurésie ou de l'encoprésie peut resurgir après la phase de propreté.

Sur le plan du développement, à l'école, l'enfant peut perdre ses activités créatrices et de jeu. Il s'agit souvent d'enfants isolés dans les cours de récréation, passifs dans les activités collectives. Sur le plan scolaire, on peut assister à une régression brutale de ses capacités à se concentrer et à comprendre.

Sur le plan émotionnel et relationnel, ces enfants peuvent présenter des signes de dépression, de tristesse, voire d'angoisse. Ils sont souvent animés de sentiments de culpabilité, prennent sur eux la responsabilité des problèmes familiaux. Par exemple : « Ma famille irait mieux, si je n'étais pas là ! ».

Un autre cas de figure peut être la colère et l'agressivité entre l'enfant victime et sa fratrie, ou le parent non agresseur.

Sur le plan sexuel, même chez les jeunes enfants, nous pouvons être en présence de manifestations séductrices, de comportements sexuels précoces. Il n'est pas rare, que l'institutrice d'école maternelle repère un harcèlement sexuel vis-à-vis des autres enfants. Ces enfants utilisent également un langage sexuel non habituel pour leur âge.

2. *Chez les adolescents,* d'autres signes viennent s'ajouter. Une détérioration du sentiment d'estime de soi, avec des comportements autodestructeurs, est très souvent remarquée. Nous pouvons citer l'exemple d'une jeune adolescente de quatorze ans qui s'habillait et se coupait les cheveux de telle façon qu'elle était surnommée la « cendrillon » du collège. L'image d'elle-même se trouvait si détériorée qu'il lui était impossible de dissimuler sa souffrance.

Les tentatives de suicide, les grossesses précoces avec ou sans interruption volontaire de grossesse, les comportements de prostitution ne sont pas rares. Un signalement nous est arrivé pour une adolescente de quinze ans qui « fréquentait » un vieux monsieur, chaque soir à la sortie de l'école. Cette jeune fille était violée par son père depuis de nombreuses années.

Les fugues sont également fréquentes chez les adolescentes pour fuir leur univers destructeur et lancer des appels au secours sans jamais dévoiler ce qu'elles vivent.

Nous pouvons aussi être en présence de problèmes d'identité sexuelle, de relation au corps, comme ces adolescentes chez qui il est difficile de distinguer au premier regard, si elles sont garçon ou fille. Sophie, cette préadolescente de onze ans, après son placement en famille d'accueil, a tenu à s'habiller comme un jeune footballeur (short et chaussettes rayées) pendant plus d'un an. La patience et la sécurité offertes par la famille d'accueil lui ont rendu progressivement son identité de fille.

Il est bien entendu que ces signaux ne peuvent prendre du sens qu'en vérifiant la structure et le fonctionnement de la famille. Ils doivent être corrélés les uns avec les autres, et avec un contexte particulier.

Ainsi, lorsque dans une même famille, nous sommes en présence d'un père éthylique et violent, d'une enfant de sept à huit ans, nous devons accroître notre vigilance quant aux risques d'inceste encourus par cette enfant. Si, de plus, la mère est elle-même éthylique et dénonce des difficultés sexuelles avec son mari, il s'agit là du contexte présentant les paramètres maximum de risques de violences sexuelles.

Enfin, si l'un des parents (ou les deux) a lui-même été agressé sexuellement dans son enfance, même en l'absence de tout autre signe, il est indispensable de veiller sur cette enfant.

Les recherches effectuées montrent que si les préadolescentes commencent à pouvoir révéler les violences sexuelles dont elles sont victimes vers treize-quatorze ans, la situation d'inceste a souvent débuté entre six et sept ans.

En outre, si l'école ou la mère dénonce un comportement provocateur à connotation sexuelle chez un enfant même très jeune, il y a lieu de vérifier ce que vit cet enfant à la maison.

Schéma d'intervention auprès des victimes de violences sexuelles

Depuis plusieurs années, de nombreuses études et ouvrages sont parus autour de la question de l'inceste afin de tenter d'appréhender un peu mieux les systèmes familiaux pouvant conduire à l'inceste, ses effets sur l'enfant, les liaisons nécessaires entre les intervenants. Cependant, toute personne qui reçoit aujourd'hui d'un enfant une révélation de violences sexuelles reste encore assez démunie sur la conduite à tenir : faut-il croire l'enfant ? Qui va opérer le signalement, dans quel délai et vers quel destinataire ? Quelles suites seront données ? Que va devenir l'enfant pendant ce temps ? Autant de questions qui renvoient à la nécessité d'une attitude réfléchie, cohérente et organisée. Même si chaque situation est unique, il est possible de repérer les points communs qui nous paraissent essentiels dans toute intervention. Les propositions qui suivent s'appuient sur une longue expérience de pratiques professionnelles d'enfants victimes de violences sexuelles. Elles ne prétendent pas tout régler, mais sont à prendre comme quelques repères structurant les prises en charge. Les fondements sur lesquels reposent nos propositions sont les suivants :

— comme nous l'avons expliqué précédemment, le recours systématique à l'intervention judiciaire pour toute situation de violences sexuelles perpétrée sur un enfant est tout à fait indispensable pour pouvoir mener des actions ultérieures qu'elles soient thérapeutiques, sociales ou éducatives, tant au niveau de l'enfant victime, qu'auprès de sa famille ;

— les actions engagées par les professionnels des secteurs judiciaire, social et médical, doivent prendre en compte de façon permanente l'intérêt de l'enfant, tout au long de la procédure. On évite ainsi utilement d'autres traumatismes à la victime. En

particulier, les multiples dépositions, examens et confrontations de l'enfant ne doivent pas s'appuyer uniquement sur la recherche du « bon déroulement » de la procédure judiciaire, et il convient d'évaluer leurs effets sur la victime ;
— la recherche de l'intérêt de l'enfant dans ses différentes composantes (matérielle, affective, psychologique, sociale, économique) exige, comme nous l'avons déjà évoqué, un travail étroit en partenariat avec les différents acteurs impliqués ;
— au-delà de la protection de la victime et de la sanction éventuelle de l'agresseur, un travail plus large doit être envisagé auprès de l'enfant et de sa famille, afin de prévenir toute récidive et d'aider à une reconstruction familiale.

Trois phases principales sont à distinguer : la révélation, la protection et la reconstruction familiale.

1. La révélation

C'est un moment particulièrement important et fortement chargé sur le plan émotionnel, tant pour la victime que pour celui qui reçoit cette révélation. Les premières réactions de la personne confidente vont conditionner les paroles et attitudes ultérieures de l'enfant. Mis en confiance, il pourra se livrer, aller plus loin ; s'il perçoit un doute, une gêne, il risque de se bloquer, voire de se rétracter. A ce stade, les premiers instants sont décisifs.

Afin d'éviter tout ce qui pourrait apparaître ensuite comme une trahison, il ne faut pas s'engager dans un secret avant d'en connaître le contenu. C'est important de le préciser à l'enfant lorsqu'il s'exprime ainsi : « Ce que je vais vous dire, personne d'autre que vous ne doit le savoir ».

Une fois la révélation recueillie, il est primordial de *croire* l'enfant. Les cas de fabulations sont extrêmement rares (moins de 5 %) et la recherche de la preuve n'appartient pas à la personne confidente. S'il a souvent longtemps attendu avant de révéler, c'est par peur de ne pas être crû.

Le secret de la révélation ne pourra pas être conservé et il convient d'en expliquer les raisons à l'enfant. D'une part, c'est une obligation légale fixée par la loi française ; d'autre part, c'est aussi l'intérêt de l'enfant que sa parole soit prise en compte par la justice. A quoi cela sert de parler si rien ne se passe et que les violences sexuelles continuent ?

Afin de rassurer l'enfant qui a livré son intimité, sa vie, il est capital de l'assurer de son entière disponibilité dans les jours qui vont suivre, au moins jusqu'à ce qu'un relais soit pris par un professionnel. L'enfant doit pouvoir se sentir soutenu dans sa démarche. Le confident qui a recueilli la révélation, quel qu'il soit, n'a jamais été choisi par hasard.

2. La protection

Si l'enfant se décide à parler, c'est parce qu'il n'en peut plus et qu'il veut que les agissements de l'agresseur cessent au plus vite. Assez fréquemment, dans notre service, nous avons rencontré des adolescentes qui ne voulaient plus rentrer chez elles le soir, alors qu'elles venaient juste de révéler une situation d'inceste à un travailleur social. Agir vite, certes, mais avec discernement.

La saisie du juge des enfants est indispensable, car il peut sans délai prendre une mesure de protection adaptée à la situation de l'enfant. La législation française offre un choix double de signalement : soit le procureur de la République est alerté, soit le président du conseil général est saisi. Le signalement peut s'effectuer directement par la personne qui a reçu la révélation, ou par la voie hiérarchique. L'important est de s'assurer que le signalement sera suivi d'effets très rapidement.

Une fois le signalement réalisé et le juge des enfants saisi de la situation, il convient de mettre en place une protection immédiate de l'enfant. Généralement, cette protection se fera sur décision de justice (ordonnance de placement provisoire par exemple). La mesure de protection sera prise en tenant compte des intérêts de l'enfant. En particulier, son éloignement du milieu familial peut ne pas être systématique, si l'autre parent, la mère en général, est capable d'assurer sa protection. Les mesures de neutralisation de l'agresseur (garde à vue, détention provisoire) sont à envisager. A ce stade, la coordination entre l'action civile et l'action pénale est indispensable.

Rapidement, il convient de réfléchir à la défense des intérêts de l'enfant en justice. Cette défense peut être assurée directement par l'autre parent en cas de dépôt de plainte de sa part contre l'auteur des violences sexuelles. Si tel n'est pas le cas, le recours à la désignation d'un administrateur ad hoc s'avère indispensable, de façon à ce que l'enfant soit représenté en justice par un avocat pendant toute la durée de la procédure.

3. La reconstruction familiale

La victime est l'enfant de ses parents durant sa vie entière. Nous rappelons ce truisme, car au-delà des différentes mesures prononcées au niveau de l'enfant comme à celui de son agresseur, les liens familiaux seront, selon les cas, rompus, reconstitués ou recomposés, et l'enfant aura à évoluer dans ce contexte souvent complexe et difficile. De victime, il pourra devenir coupable. Coupable d'avoir osé parler, d'avoir envoyé père et mari en prison, d'avoir détruit une famille. Lorsque l'inceste cesse, rien n'est réglé pour autant.

Il importe d'évaluer si une action est possible auprès du groupe familial. Si tel est le cas, la réflexion porte sur la meilleure façon d'aider la famille. Quand c'est possible, une demande formulée par la famille présente l'intérêt d'une acceptation acquise du travail requis, à moins qu'il ne s'agisse d'une demande simulée et de surface.

L'obligation d'engager une action pour la famille, qu'elle soit éducative ou thérapeutique, peut aussi être prise sur décision de justice. Si les différentes tentatives d'aide, à la demande ou sur décision de justice, ont échoué, alors que d'autres enfants mineurs sont en situation de risque, nous préconisons d'envisager des mesures de protection pour tous ces enfants.

Ces quelques points que nous avons relevés ne révèlent pas toute la complexité des interactions possibles entre les services, les intervenants, la famille. Pour autant, il nous semble essentiel, que lors d'une situation de violences sexuelles, aucun de ces points ne soit laissé de côté. Ainsi, nous pourrons construire ensemble des réponses plus adaptées et moins traumatisantes pour l'enfant.

Résumé du schéma d'intervention

Révélation	1. Ne pas s'engager dans un secret avant d'en connaître le contenu. 2. Croire toujours l'enfant. 3. Ne pas garder le secret pour soi. Effectuer un signalement. 4. Rester disponible à l'enfant.
Protection	5. Alerter le juge des enfants. 6. Mettre en place une protection immédiate de l'enfant. 7. Réfléchir à l'intérêt de l'enfant : placement ou éloignement de l'agresseur. 8. Assurer la défense des intérêts de l'enfant en justice.
Reconstruction familiale	9. Agir, quand c'est possible, auprès de l'ensemble de la famille. 10. Protéger les autres mineurs en situation de risque.

Conclusion

La complexité de l'inceste est apparue très tôt aux anthropologues et ethnologues. Claude Lévi-Strauss[1] la résume ainsi : « La prohibition de l'inceste n'est ni purement d'origine culturelle ni purement d'origine naturelle ; elle n'est pas, non plus, un dosage d'éléments composites empruntés partiellement à la nature et partiellement à la culture. Elle constitue la démarche fondamentale grâce à laquelle s'accomplit le passage de la nature à la culture ». Tout au long de notre recherche, nous avons exploré une confrontation des points de vue, persuadés que l'inceste ne pouvait s'appréhender sous une seule dimension. Les croisements des données psychologiques, sociologiques, professionnelles et juridiques se sont révélés particulièrement féconds tant pour la compréhension des problématiques incestueuses que pour les réponses juridiques, médicales et sociales qui sont apportées. Donner la parole aux victimes, aux proches, aux magistrats, aux avocats, aux médecins et aux travailleurs sociaux, nous est apparu indispensable afin de mieux saisir les différents enjeux autour des violences sexuelles en famille.

Les situations familiales que nous avons décrites et les principaux résultats de l'enquête sociologique nous permettent de tirer un premier enseignement quant aux circonstances d'apparition d'un inceste. Celui-ci advient essentiellement au point de rencontre de deux séries causales partiellement indépendantes, et parfois, avec en plus un phénomène « déclen-

1. C. Levi-Strauss, *Les stuctures élémentaires de la parenté*, Mouton, 1967, pp. 28-29.

cheur » d'importance mineure, mais qui crée en ce cas l'occasion. Ainsi, d'un côté on trouve un père qui, par son histoire personnelle antérieure à la situation d'inceste, bénéficie de dispositions propres à favoriser la mise en place de relations incestueuses avec ses enfants. De l'autre côté, apparaît un groupe familial qui présente des dysfonctionnements majeurs si l'on se réfère à la structure et à la répartition des rôles que l'on est en droit d'attendre dans une famille constituée selon les normes de droit et les usages en vigueur dans notre société française. La rencontre de ces deux phénomènes, plus ou moins autonomes l'un par rapport à l'autre, semble constituer un terrain favorable où pourra se produire un acte incestueux. Le moment déclencheur peut être constitué par l'éloignement momentané de la mère, un divorce, un état alcoolique, par exemple. Partant de ce constat, on peut en déduire qu'un père touché par des dispositions incestueuses ne passera pas nécessairement à l'acte dans le cas où la famille qu'il fonde reste, pour une raison ou une autre, à l'abri de tout dysfonctionnement structurel. Inversement, une famille atteinte par un dysfonctionnement ne connaîtra pas nécessairement l'inceste si le père ne présente pas une histoire personnelle incitant tout passage à l'acte. En résumé, l'inceste ne serait qu'une rencontre accidentelle de deux phénomènes qui ne se réduisent pas entièrement l'un à l'autre, ni surtout ne se déduisent pas l'un de l'autre.

Reconnaître la double dimension de l'inceste, personnelle et familiale, c'est aussi avancer dans les solutions à mettre en œuvre, notamment en termes de complémentarité des intervenants. Il n'appartient pas, selon nous, au travail social, d'agir auprès des auteurs à prédispositions incestueuses. La prise en compte de leur histoire personnelle est plus sûrement le travail de psychiatres, psychologues, thérapeutes, quand c'est possible.

Par contre, une action des travailleurs sociaux centrée sur le système familial apparaît tout à fait pertinente, en ce sens qu'elle peut conduire à éviter une récidive ou à empêcher un passage à l'acte dans une situation de suspicion d'inceste. Agir sur cette dimension de l'inceste, constitue un domaine d'action où les travailleurs sociaux ont acquis expériences et compétences. C'est d'ailleurs ce qui nous a conduit à proposer les différentes formes d'action possibles auprès des victimes et de leur famille. Nous insisterons particulièrement sur l'intérêt de la mise en place de dispositifs locaux et concertés.

Travailler à une cohérence plus grande entre les différents partenaires, travailleurs sociaux, police, justice, médecins, est de l'ordre de l'urgence. Chacun doit poursuivre son action, évoluer, se former pour être davantage en mesure de gérer en professionnel cette question des violences sexuelles. Dans un même temps, la mise en place de lieux de réflexion, de collaboration est une nécessité afin que soient définies les places et les fonctions des différents intervenants. Le traitement, après la révélation et l'intervention de la justice, demeure à préciser, voire à inventer, tant pour la victime que pour l'auteur des violences et la famille dans son ensemble. Ce travail d'accompagnement et d'aide, nous l'avons commencé ainsi que beaucoup d'autres équipes avec nous, mais un champ de recherche et d'action reste encore très ouvert. Si la double dimension de l'inceste se retrouve probablement sur l'ensemble du territoire français, les réponses apportées peuvent varier d'une région à l'autre.

H. Le Bras et E. Todd[2] font apparaître une grande disparité entre les différentes régions. Ainsi, en l'espace d'un siècle, le nombre de divorces varie considérablement : les plus fortes proportions apparaissent au Nord et Sud-Est de la France, et les plus faibles dans l'Ouest et le Massif central. Par contre, c'est strictement l'inverse pour les situations d'inceste. Les auteurs soulignent que « les indicateurs sociaux et moraux (incidences de l'alcoolisme, fréquence du suicide, internements psychiatriques, viols, assassinats) constituent la fondamentale et irréductible hétérogénéité anthropologique de la France, qui est éclatée en une multitude de cultures régionales locales... Ainsi, il y a autant de différence entre la Normandie et le Limousin, qu'entre l'Angleterre et la Russie ». Ces enseignements nous invitent à la prudence dans le repérage des situations à risques incestueux, afin de ne pas tirer des conclusions trop hâtives.

Prévenir les violences sexuelles devrait être l'objectif d'une société soucieuse des séquelles qu'on peut constater, ensuite, sur les enfants et les adultes. Là encore, un travail d'information et de formation est à développer.

Nous espérons que cet ouvrage aura sensibilisé le lecteur au drame de la violence sexuelle ainsi qu'à l'étendue du travail préventif, éducatif et thérapeutique à poursuivre, mais aussi à imaginer.

---

2. H. Le Bras, E. Todd, *L'invention de la France*, collection Pluriel, 1981, pp. 31-32.

Annexes

La démarche de recherche-action

Trois étapes chronologiques, avec certains chevauchements dans le temps, apparaissent :
— le travail à l'intérieur du service : réunions, travaux de sous-groupes, questionnaire (1990-1992) ;
— le travail à l'extérieur du service : contacts et réunions avec magistrats, médecins, policiers, responsables de services sociaux, services spécialisés en maltraitance et violences sexuelles en France et en Belgique (1991-1994) ;
— la rédaction de textes, documents intermédiaires, et l'ouvrage final (1992-1995).

La collecte des données s'est déroulée de septembre 1990 à avril 1991. Le groupe de travail constitué, rappelons-le, d'une trentaine de personnes, principalement des travailleurs sociaux, psychologues et cadres de direction, a cherché à collecter et rassembler tout ce dont nous disposions sur la question des violences sexuelles : textes juridiques et législatifs, ouvrages spécialisés, revues, vidéos. Ce travail a permis d'élaborer un premier recueil de données sur le sujet, recueil mis à la disposition de chaque participant afin d'élever le niveau d'informations de chacun.

A l'issue du recueil de données, il nous est très vite apparu que nous devions porter nos efforts dans deux directions principales pour progresser dans nos comportements professionnels :

— finaliser nos réponses et rationaliser l'ensemble de la pratique professionnelle en termes de repérage et traitement des situations familiales. Définir en quelque sorte une attitude professionnelle commune ;
— sensibiliser et travailler avec les autres intervenants qui ont à connaître les situations de violences sexuelles et d'inceste : les juges, les officiers de police et de gendarmerie, les médecins, les autres responsables départementaux de la protection de l'enfance : service de l'Aide sociale à l'enfance, service de protection judiciaire de la jeunesse.

Si les deux objectifs principaux étaient bien délimités, et la motivation des travailleurs sociaux réelle, un obstacle a vite surgi : comment mener une recherche dont l'objet porterait sur les situations familiales rencontrées régulièrement par des travailleurs sociaux exerçant des mesures d'action éducative en milieu ouvert ? Compte tenu de l'implication toujours présente, comment porter un regard extérieur et suffisamment objectif ? Nous ne pouvions observer là où nous agissions quotidiennement. C'est ce qui nous a amené à faire appel à un sociologue, exerçant ses activités professionnelles dans un département voisin.

Tout au long de notre démarche, il nous a paru nécessaire de rencontrer des intervenants de services spécialisés en matière de maltraitance et de violences sexuelles. Nous avons rencontré certains spécialistes (belges comme les docteurs Annick Lampo et Jorge Barudy) et Monsieur Peronne. Ces contacts nous ont permis d'élargir notre vision du problème et de connaître certaines formes de prises en charge particulièrement adaptées.

La rencontre de l'équipe SOS enfants à Bruxelles en mai 1992 a été un moment fructueux dans notre recherche, et a constitué une dynamique très positive nous incitant à poursuivre notre questionnement dans l'approche et le traitement des situations de violences sexuelles. Plus récemment, début 1994, notre visite auprès du service d'intervention et de consultation familiale à Amiens[1] nous a permis de mesurer tout l'intérêt d'une unité spécialisée dans le traitement des situations de maltraitance et violences sexuelles, mais aussi d'en appréhender les limites. Interrogations fécondes en termes d'innovations et de réponses possibles ou non pour le travail social.

---

1. Se reférer à l'article de Mary Erard et Géraldine Molliens, « L'approche systémique et l'inceste après le dévoilement », L'expérience du SICOF, *Thérapie familiale*, Genève, 1992.
SICOF : Service d'intervention et consultation familiale à Amiens, créé en 1985 pour susciter la recherche au niveau des mauvais traitements à enfants. Une trentaine de familles sont prises en charge par quatre travailleurs sociaux, sur décision de justice.

Par ailleurs, les contacts, échanges, réunions de travail avec les autres acteurs départementaux concernés ont constitué une avancée décisive dans la sensibilisation et la nécessaire concertation et coordination à mettre en place. Toutefois, nous n'avons pu, comme nous le souhaitions, parvenir à un groupe de travail inter-services, probablement pour des questions de disponibilité, motivation, cheminement professionnel, et de logiques institutionnelles. L'harmonisation des attentes et des objectifs à atteindre ne va pas de soi, et implique la création d'une « plate-forme commune de préoccupations professionnelles » dépassant les logiques premières institutionnelles et organisationnelles. C'est pourquoi, contrairement au centre des Buttes-Chaumont[2], nous avons volontairement renoncé à l'élaboration d'un protocole commun aux institutions judiciaires, médicales et sociales.

Loi du 4 juin 1970 sur l'autorité parentale (de l'assistance éducative)

Art. 375

Si la santé, la sécurité ou la moralité d'un mineur non émancipé sont en danger, ou si les conditions de son éducation sont gravement compromises, des mesures d'assistance éducative peuvent être ordonnées par justice à la requête des père et mère conjointement, ou de l'un d'eux, du gardien ou du tuteur, du mineur lui-même ou du ministère public. Le juge peut se saisir d'office à titre exceptionnel.

---

2. Centre des Buttes-Chaumont, *Protocole d'intervention sociale, judiciaire et thérapeutique pour la protection des enfants maltraités et victimes d'abus sexuels*, p. 231 ; F. Gruyter, M. Fadier-Nisse, P. Sabourin, *La violence impensable*, Nathan, Paris, 1991, protocole d'intervention élaboré selon les principes directeurs suivants :
a. La protection des enfants est une urgence ;
b. Sur le plan judiciaire, social et thérapeutique, il est nécessaire de prendre en compte :
— la personne de l'enfant, son identité, ses droits, son intérêt, et ses intérêts patrimoniaux,
— la psychologie de l'enfant maltraité, sous terreur dans sa famille, en intégrant la notion de mauvais traitements psychiques,
— les abus sexuels doivent être considérés comme une forme de toxicomanie, la récidive est la règle,
— la coordination des actions de protection est déterminante pour la réussite de l'intervention ;
c. L'action sociale, thérapeutique, et judiciaire doit être coordonnée à tous les stades de la procédure, en particulier au stade pénal, au moment de sanctionner l'agresseur de l'enfant.

Elles peuvent être ordonnées en même temps pour plusieurs enfants relevant de la même autorité parentale.

Art. 375-1

Le juge des enfants est compétent, à charge d'appel, pour tout ce qui concerne l'assistance éducative.

Il doit toujours s'efforcer de recueillir l'adhésion de la famille à la mesure envisagée.

Art 375-2

Chaque fois qu'il est possible, le mineur doit être maintenu dans son milieu actuel. Dans ce cas, le juge désigne, soit une personne qualifiée, soit un service d'observation, d'éducation ou de rééducation en milieu ouvert, en lui donnant mission d'apporter aide et conseil à la famille, afin de surmonter les difficultés matérielles ou morales qu'elle rencontre. Cette personne ou ce service est chargé de suivre le développement de l'enfant et d'en faire rapport au juge périodiquement.

Le juge peut aussi subordonner le maintien de l'enfant dans son milieu à des obligations particulières, telles que celle de fréquenter régulièrement un établissement sanitaire ou d'éducation, ordinaire ou spécialisé, ou d'exercer une activité professionnelle.

Art 375-3

S'il est nécessaire de retirer l'enfant de son milieu actuel, le juge peut décider de le confier :

1. à celui des père et mère qui n'en avait pas la garde ;
2. à un autre membre de la famille ou à un tiers digne de confiance ;
3. à un service ou à un établissement sanitaire ou d'éducation, ordinaire ou spécialisé ;
4. au service départemental de l'aide sociale à l'enfance.

Toutefois, lorsqu'une requête en divorce a été présentée ou un jugement de divorce rendu entre les père et mère, ces mesures ne peuvent être prises que si un fait nouveau de nature à entraîner un danger pour le mineur s'est révélé postérieurement à la décision statuant sur la garde de l'enfant. Elles ne peuvent faire obstacle à la faculté qu'aura le tribunal de décider, par application de l'article 302, à qui l'enfant devra être confié. Les mêmes règles sont applicables à la séparation de corps.

Art 375-4

Dans les cas spécifiés aux 1, 2, et 3 de l'article précédent, le juge peut charger soit une personne qualifiée, soit un service d'observation, d'éducation ou de rééducation en milieu ouvert d'apporter aide et conseil au gardien ainsi qu'à la famille et de suivre le développement de l'enfant.

Dans tous les cas, le juge peut assortir la remise de l'enfant des mêmes modalités que sous l'article 375-2, deuxième alinéa. Il peut aussi décider qu'il lui sera rendu compte périodiquement de la situation de l'enfant.

Art 375-5

A titre provisoire, mais à charge d'appel, le juge peut, pendant l'instance, soit ordonner la remise provisoire du mineur à un centre d'accueil ou d'observation, soit prendre l'une des mesures prévues aux articles 275-3 et 375-4.

En cas d'urgence, le procureur de la République du lieu où le mineur a été trouvé a le même pouvoir, à charge de saisir dans les huit jours le juge compétent, qui maintiendra, modifiera ou rapportera la mesure.

Art 375-6

Les décisions prises en matière d'assistance éducative peuvent être, à tout moment, modifiées ou rapportées par le juge qui les a rendues soit d'office, soit à la requête des père et mère conjointement, ou de l'un d'eux, du gardien ou du tuteur, du mineur lui-même ou du ministère public.

Art 375-7

Les père et mère, dont l'enfant a donné lieu à une mesure d'assistance éducative, conservent sur lui leur autorité parentale et en exercent tous les attributs qui ne sont pas inconciliables avec l'application de la mesure. Ils ne peuvent émanciper l'enfant sans autorisation du juge des enfants, tant que la mesure d'assistance éducative reçoit application.

S'il a été nécessaire de placer l'enfant hors de chez ses parents, ceux-ci conservent un droit de correspondance et un droit de visite, le juge en fixe les modalités et peut même, si l'intérêt de l'enfant l'exige, décider que l'exercice de ces droits, ou de l'un d'eux, sera provisoirement suspendu.

Art 375-8

Les frais d'entretien et d'éducation de l'enfant qui a fait l'objet d'une mesure d'assistance éducative continuent d'incomber à ses père et mère ainsi qu'aux ascendants auxquels des aliments peuvent être réclamés, sauf la faculté pour le juge de les en décharger en tout ou en partie.

Lois du 10 juillet 1989 relative à la prévention des mauvais traitements à l'égard des mineurs et à la protection de l'enfance

Loi n° 39-487 du 10 juillet 1989 relative à la prévention des mauvais traitements à l'égard des mineurs et à la protection de l'enfance[1]

L'Assemblée nationale et le Sénat ont délibéré,
L'Assemblée nationale a adopté,

---

1. Travaux préparatoires : loi n° 89-487.

Sénat :

Projet de loi n° 260 (1988-1989) ;

Rapport de Mme Hélène Missoffe, au nom de la commission des affaires sociales, n° 269 (1988-1989) ;

Discussion et adoption le 2 mai 1989.

Assemblée nationale :

Projet de loi, modifié par le Sénat, n° 645 ;

Rapport de Mme Gilberte Marin-Moskovitz, au nom de la commission des affaires culturelles et annexe, observations de Mme Denise Cacheux, au nom de la commission des lois, n° 731 ;

Discussion et adoption le 13 juin 1989.

Sénat :

Projet de loi, modifié par l'Assemblée nationale, n° 385 (1988-1989 ;

Rapport de Mme Hélène Missoffe, au nom de la commission des affaires sociales, n° 401 (1988-1989) ;

Discussion et adoption le 3 juillet 1989.

Assemblée nationale :

Projet de loi, modifié par le Sénat, n° 865 ;

Rapport de Mme Gilberte Marin-Moskovitz, au nom de la commission des affaires culturelles, n° 866 ;

Discussion et adoption le 3 juillet 1989.

Assemblée nationale :

Rapport de Mme Gilberte Marin-Moskovitz, au nom de la commission mixte paritaire, n° 871.

Sénat : Projet de loi, modifié par l'Assemblée nationale en deuxième lecture, n° 459 (1988-1989) ;

Rapport de Mme Hélène Missoffe, au nom de la commission mixte paritaire, n° 460 (1988-1989).

Assemblée nationale :

Projet de loi, modifié par l'Assemblée nationale en deuxième lecture, n° 874 ;

Rapport de Mme Gilberte Marin-Moskovitz, au nom de la commission des affaires culturelles, n° 875 ;

Discussion et adoption le 4 juillet 1989.

Sénat :

Projet de loi, adopté avec modifications par l'Assemblée nationale en nouvelle lecture, n° 464 (1988-1989) ;

Rapport de Mme Hélène Missoffe, au nom de la commission des affaires sociales, n° 465 (1988-1989) ;

Discussion et adoption le 4 juillet 1989.

Assemblée nationale :

Projet de loi, adopté avec modifications par le Sénat en nouvelle lecture, n° 881 ;

Rapport de Mme Gilberte Marin-Moskovitz, au nom de la commission des affaires culturelles, n° 882 ;

Discussion et adoption le 4 juillet 1989.

Le Président de la République promulgue la loi dont la teneur suit :

Art. 1er. - L'intitulé du chapitre Ier du titre II du Code de la famille et de l'aide sociale est ainsi rédigé : « Missions et prestations du département en matière d'aide sociale à l'enfance. »

Art. 2. - I. - le quatrième alinéa (3°) de l'article 40 du Code de la famille et de l'aide sociale est ainsi rédigé : « 3° Mener en urgence des actions de protection en faveur des mineurs visés au deuxième alinéa (1°) du présent article ; ».

II. - Le quatrième alinéa (3°) du même article devient le cinquième alinéa (4°).

III. - Après le cinquième alinéa (4°) du même article, il est inséré un sixième alinéa (5°) ainsi rédigé : « 5° Mener, notamment à l'occasion de l'ensemble de ces interventions, des actions de prévention des mauvais traitements à l'égard des mineurs et, sans préjudice des compétences de l'autorité judiciaire, organiser le recueil des informations relatives aux mineurs maltraités et participer à la protection de ceux-ci. »

Art. 3. - Au chapitre Ier du titre II du Code de la famille et de l'aide sociale, il est inséré une section V ainsi rédigée :

« Section V

« Prévention des mauvais traitements à l'égard des mineurs et protection des mineurs maltraités

« *Art. 66.* - Les missions définies au sixième alinéa (5°) de l'article 40 sont menées par le service de l'aide sociale à l'enfance, en liaison avec le service départemental de protection maternelle et infantile mentionné à l'article L. 148 du Code de la santé publique et le service départemental d'action sociale mentionné à l'article 28 de la loi n° 75-535 du 30 juin 1975 relative aux institutions sociales et médico-sociales ainsi qu'avec les autres services publics compétents.

« *Art. 67.* - Ces missions comportent notamment l'information et la sensibilisation de la population et des personnes concernées par les situations de mineurs maltraités ainsi que la publicité du dispositif de recueil d'informations prévu à l'article 68.

« Le président du conseil général peut faire appel aux associations concourant à la protection de l'enfance et de la famille pour participer aux actions d'information et de sensibilisation prévues à l'alinéa précédent.

« *Art. 68.* - Le président du conseil général met en place, après concertation avec le représentant de l'Etat dans le département, un dispositif permettant de recueillir en permanence les informations relatives aux mineurs maltraités et de répondre aux situations d'urgence, selon des modalités définies en liaison avec l'autorité judiciaire et les services de l'Etat dans le département.

« L'ensemble des services et établissements publics et privés susceptibles de connaître des situations de mineurs maltraités participent à cette coordination. Le président du conseil général peut, dans les mêmes conditions, requérir la collaboration des professionnels et des associations concourant à la protection de l'enfance et de la famille.

« La collecte, la conservation et l'utilisation de ces informations ne peuvent être effectuées que pour assurer les missions prévues au sixième alinéa (5°) de l'article 40.

« *Art. 69.* - Lorsqu'un mineur est victime de mauvais traitements ou lorsqu'il est présumé l'être, et qu'il est impossible d'évaluer la situation ou que la famille refuse manifestement d'accepter l'intervention du service de l'aide sociale à l'enfance, le président du conseil général avise sans délai l'autorité judiciaire et, le cas échéant, lui fait connaître les actions déjà menées auprès du mineur et de la famille concernés.

« *Art. 70.* - Le président du conseil général informe les personnes qui lui ont communiqué des informations dont elles ont eu connaissance à l'occasion de l'exercice de leur activité professionnelle des suites qui leur ont été données.

« Sur leur demande, il fait savoir aux autres personnes l'ayant informé si une suite a été donnée.

« En cas de saisine de l'autorité judiciaire, il en informe par écrit les parents de l'enfant ou son représentant légal.

« *Art. 71.* - Un service d'accueil téléphonique gratuit est créé à l'échelon national par l'Etat, les départements et des personnes morales de droit public ou privé, qui constituent à cette fin un groupement d'intérêt public. Ce service concourt à la mission de prévention des mauvais traitements et de protection des mineurs maltraités prévue à la présente section. La convention constitutive du groupement prévoit des dispositions particulières pour adapter les conditions d'activité du service dans les départements d'outre-mer.

« Ce service répond, à tout moment, aux demandes d'information ou de conseil concernant les situations de mineurs maltraités ou présumés l'être. Il transmet immédiatement au président du conseil général, selon le dispositif mis en place en application de l'article 68, les informations qu'il recueille et les appréciations qu'il formule à propos de ces mineurs. A cette fin, le président du conseil général informe le groupement des modalités de fonctionnement permanent du dispositif départemental. Ce service établit une étude épidémiologique annuelle au vu des informations qu'il a recueillies et de celles qui lui ont été transmises dans les conditions prévues au quatrième alinéa du présent article.

« Le secret professionnel est applicable aux agents du service d'accueil téléphonique dans les conditions prévues à l'article 378 du Code pénal. Le troisième alinéa de l'article 68 ci-dessus est également applicable aux informations recueillies par le service d'accueil téléphonique.

« La convention constitutive du groupement précise les conditions dans lesquelles le dispositif mentionné à l'article 68 transmet au service d'accueil téléphonique les informations qu'il recueille pour l'établissement de l'étude prévue au deuxième alinéa du présent article.

« Le service est assisté d'un comité technique composé des représentants du conseil d'administration du groupement d'intérêt public et des associations concourant à la protection de l'enfance et de la famille ainsi que d'experts et de personnes qualifiées.

« Le comité technique est consulté sur l'organisation et l'activité du service, ainsi que sur les conditions de collaboration entre celui-ci et les départements. Il donne son avis préalablement à la publication de l'étude épidémiologique visée au deuxième alinéa du présent article.

« Outre les moyens mis à la disposition du service par les autres membres constituant le groupement, sa prise en charge financière est assurée à parts égales par l'Etat et les départements. La participation financière de chaque département est fixée par voie réglementaire en fonction de l'importance de la population, sous réserve des adaptations particulières aux départements d'outre-mer.

« L'affichage des coordonnées du service d'accueil téléphonique est obligatoire dans tous les établissements et services recevant de façon habituelle des mineurs.

« *Art. 72.* - Les dépenses résultant de l'application de la présente section constituent, pour le département, des dépenses obligatoires. »

Art. 4. - Les médecins, ainsi que l'ensemble des personnels médicaux et paramédicaux, les travailleurs sociaux, les magistrats, les enseignants et les personnels de la police nationale et de la gendarmerie reçoivent une formation initiale et continue propre à leur permettre de répondre aux cas d'enfants maltraités et de prendre les mesures nécessaires de prévention et de protection qu'ils appellent. Cette formation est dispensée dans les conditions fixées par voie réglementaire.

Art. 5. - L'article 59-1 du Code de la famille et de l'aide sociale est complété par un alinéa ainsi rédigé :

« Les articles 55, 55-1, 56, 58 et le premier alinéa de l'article 59 sont applicables dans les cas visés aux articles 68 et 69. »

Art. 6. - Au chapitre II du titre II du Code de la famille et de l'aide sociale, il est rétabli un article 78 ainsi rédigé :

« *Art. 78.* - Un décret en Conseil d'Etat détermine les conditions dans lesquelles le service de l'aide sociale à l'enfance d'un département accède aux demandes de renseignements relatives à une famille ou à un mineur formulées par le service de l'aide sociale à l'enfance d'un autre département pour l'accomplissement de ses missions. »

Art. 7. - Au chapitre II du titre II du Code de la famille et de l'aide sociale, il est rétabli un article 79 ainsi rédigé :

« *Art. 79.* - Lorsqu'il est avisé par le juge des enfants d'une mesure d'assistance éducative prise en application des articles 375 à 375-8 du Code civil, le président du conseil général lui communique les informations dont il dispose sur le mineur et sa situation familiale. »

Art. 8. - Dans le second alinéa de l'article 83 du Code de la famille et de l'aide sociale, le mot : « Pas » est supprimé.

Art. 9. - L'article 86 du Code de la famille et de l'aide sociale est complété par un quatrième alinéa ainsi rédigé :

« Le département chargé de la prise en charge financière d'une mesure, en application des deuxième et troisième alinéas ci-dessus, assure celle-ci selon le tarif en vigueur dans le département où se trouve le lieu de placement de l'enfant. »

Art. 10. - L'article 94 du Code de la famille et de l'aide sociale est complété par un alinéa ainsi rédigé :

« Dans le cas où les mineurs visés à l'article 93 du Code de la famille et de l'aide sociale ont été confiés à des particuliers ou à des établissements en application des articles 375-3 et 375-5 du Code civil, ils sont placés sous la protection conjointe du président du conseil général, dans les conditions prévues au présent article, et du juge des enfants. »

Art. 11. - Dans le cinquième alinéa (4°) de l'article 375-3 du Code civil, les mots : « Au service départemental » sont remplacés par les mots : « A un service départemental ».

Art. 12. - L'article 433 du Code civil est ainsi rédigé :

« *Art. 433.* - Si la tutelle reste vacante, le juge des tutelles la défère à l'Etat s'il s'agit d'un majeur, et au service de l'aide sociale à l'enfance s'il s'agit d'un mineur. »

Art. 13. - Il est inséré, dans le Code de procédure pénale, un article 87-1 ainsi rédigé :

« *Art. 87-1.* - Le juge d'instruction saisi de fait commis volontairement à l'encontre d'un enfant mineur par les titulaires de l'exercice de l'autorité parentale ou par l'un d'entre eux peut procéder à la désignation d'un administrateur *ad hoc* pour exercer, s'il y a lieu, au nom de l'enfant les droits reconnus à la partie civile. En cas de constitution de partie civile, le juge fait désigner un avocat d'office pour le mineur s'il n'en a pas déjà été choisi un.

« Les dispositions qui précèdent sont applicables à la juridiction de jugement. »

Art. 14. - Le premier alinéa de l'article 352 du Code pénal est complété par les mots « sauf si les circonstances du délaissement ont permis d'assurer la santé et la sécurité de celui-ci ».

Art. 15. - Le premier alinéa de l'article 39*bis* de la loi du 29 juillet 1881 sur la liberté de la presse est complété par la phrase suivante :

« Il en est de même de l'identité et de la personnalité des enfants qui ont été exposés ou délaissés dans les conditions prévues par les articles 349, 350, les alinéas 1 à 3 de l'article 351, l'article 352 et l'alinéa 1 de l'article 353 du Code pénal. »

Art. 16. - L'article 7 du Code de procédure pénale est complété par un alinéa ainsi rédigé :

« Lorsque la victime est mineure et que le crime a été commis par un ascendant légitime, naturel ou adoptif ou par une personne ayant autorité sur elle, le délai de prescription est réouvert ou court à nouveau à son profit, pour la même durée, à partir de sa majorité. »

Art. 17. - Le ministre chargé de la famille présentera au Parlement, avant le 30 juin 1992, et tous les trois ans à compter de cette date, un rapport rendant compte des résultats des recherches menées sur l'enfance maltraitée et proposant toutes mesures propres à en diminuer la fréquence et la gravité. Le même rapport établit un bilan de fonctionnement du dispositif départemental de recueil d'informations et du service d'accueil téléphonique visés aux articles 68 et 71 du Code de la famille et de l'aide sociale.

La présente loi sera exécutée comme loi de l'Etat.

Fait à Paris, le 10 juillet 1989.

François Mitterrand

Par le Président de la République :

Le Premier ministre,

Michel Rocard

Le ministre d'Etat, ministre de l'éducation nationale, de la jeunesse et des sports,

Lionel Jospin

Le ministre d'Etat, ministre de l'économie, des finances et du budget,

Pierre Bérégovoy

Le garde des sceaux, ministre de la justice,

Pierre Arpaillange

Le ministre de la défense,

Jean-Pierre Chevènement

Le ministre de l'intérieur,

Pierre Joxe

Le ministre de la solidarité, de la santé et de la protection sociale,

Claude Evin

Le secrétaire d'Etat auprès du ministre de l'intérieur, chargé des collectivités territoriales,

Jean-Michel Baylet

Le secrétaire d'Etat auprès du ministre de la solidarité, de la santé et de la protection sociale, chargé de la famille,

Hélène Dorlhac

Recensement statistique des cas d'abus sexuels rencontrés par les travailleurs sociaux de la Sauvegarde entre 1983 et 1991

PRÉSENTATION DES TRIS À PLAT CONCERNANT LES QUESTIONS COMMUNES AUX RÉVÉLATIONS ET AUX SUSPICIONS

— Population prise en compte : 59 révélations, 40 suspicions.
— Lecture : les tableaux qui suivent prennent en compte les cas révélés dans la double colonne chiffrée (effectifs et %) de gauche, et les cas suspectés dans la double colonne chiffrée de droite. Les totaux en % de certaines questions dépassent 100 au sens où il s'agit en ce cas de questions à choix multiples ayant pu faire l'objet de plusieurs réponses.

1. Type de cas
Le cas actuellement correspond à :

	Effectifs	%	Effectifs	%
Sans réponses	0	0	0	0
Une révélation	59	100	0	0
Une suspicion	0	0	40	100
Total	59	100	40	100

2. Année de révélation ou de suspicion

	Effectifs	%	Effectifs	%
Sans réponses	1	1,7	6	1,5
1983	5	8,5	1	2,5
1984	4	6,8	5	12,5
1985	6	10,2	4	10
1986	5	8,5	3	7,5
1987	7	11,9	4	10
1988	8	13,6	7	17,5
1989	5	8,5	4	10
1990	16	27,1	4	10
1991	2	3,4	2	5
Total	59	100	40	100

3. Situation de la famille concernée

	Effectifs	%	Effectifs	%
Sans réponses	0	0	6	15
Déjà sous mandat sauvegarde	35	59,3	26	6,5
Mandat attribué suite à un abus sexuel	24	40,7	8	20
Total	59	100	40	100

4. Secteur géographique concerné

	Effectifs	%	Effectifs	%
Sans réponses	1	1,7	0	0
La Roche	18	30,5	15	37,5
Les Sables	6	10,2	1	2,5
Fontenay	21	35,6	4	10
Luçon	3	5,1	5	12,5
Challans	10	16,9	8	20
Les Herbiers	0	0	7	17,5
Total	59	100	40	100

5. Nombre de victimes

	Effectifs	%	Effectifs	%
Sans réponses	0	0	1	2,5
1	45	76,3	33	82,5
2	8	13,6	5	12,5
3	4	6,8	1	2,5
4	2	3,4	0	0
Total	59	100	40	100

6. Sexe de la (des) victime(s)

	Effectifs	%	Effectifs	%
Sans réponses	0	0	0	0
Masculin	14	23,7	4	10
Féminin	53	89,8	37	92,5
Total	67	113,6	41	102,5

7. Age victime(s) à la révélation ou suspicion

	Effectifs	%	Effectifs	%
Sans réponses	0	0	1	2,5
Moins de 6 ans	1	1,7	6	15
6 ou 7 ans	3	5,1	1	2,5
8 ou 9 ans	9	15,3	5	12,5
10 ou 11 ans	4	6,8	3	7,5
12 ou 13 ans	13	22	12	30
14 ou 15 ans	13	22	7	17,5
16 ou 17 ans	11	18,6	3	7,5
18 ans et plus	5	8,5	2	5
Total	59	100	40	100

8. Age de la victime la plus jeune

	Effectifs	%	Effectifs	%
Sans réponses	45	76,3	34	85
Moins de 6 ans	2	3,4	1	2,5
6 ou 7 ans	4	6,8	0	0
8 ou 9 ans	3	5,1	0	0
10 ou 11 ans	1	1,7	2	5
12 ou 13 ans	3	5,1	1	2,5
14 ou 15 ans	0	0	2	5
16 ou 17 ans	1	1,7	0	0
Total	59	100	40	100

9. Age de la victime la plus âgée

	Effectifs	%	Effectifs	%
Sans réponses	3	5,1	12	30
Moins de 6 ans	1	1,7	5	12,5
6 ou 7 ans	6	10,2	0	0
8 ou 9 ans	9	15,3	5	12,5
10 ou 11 ans	5	8,5	4	10
12 ou 13 ans	17	28,8	8	20
14 ou 15 ans	11	18,6	4	10
16 ou 17 ans	6	10,2	2	5
18 ans et plus	1	1,7	0	0
Total	59	100	40	100

10. Sexe de l'auteur

	Effectifs	%	Effectifs	%
Sans réponses	0	0	0	0
Masculin	58	98,3	37	92,5
Féminin	1	1,7	3	7,5
Total	59	100	40	100

11. Age de l'auteur à la révélation

	Effectifs	%	Effectifs	%
Sans réponses	5	8,5	1	2,5
Moins de 25 ans	8	13,6	1	2,5
25 à 29 ans	5	8,5	3	7,5
30 à 34 ans	3	5,1	8	20
35 à 39 ans	12	20,3	12	30
40 à 44 ans	15	25,4	5	12,5
45 à 49 ans	3	5,1	4	10
50 à 54 ans	4	6,8	3	7,5
55 ans et plus	4	6,8	3	7,5
Total	59	100	40	100

12. Degré de parenté auteur/victime

	Effectifs	%	Effectifs	%
Sans réponses	0	0	0	0
Père (même adoptif)	28	47,5	24	60
Mère (même adoptive)	1	1,7	4	10
Beau-père (remariage)	6	10,2	2	5
Concubin de la mère	9	15,3	4	10
Frère	3	5,1	0	0
Grand-parent	2	3,4	3	7,5
Autre membre de la famille vivant au domicile de la victime	1	1,7	0	0
Autre membre de la famille ne vivant pas au domicile de la victime	4	6,8	2	5
Tiers institutionnel (infirmier, éducateur, etc.)	2	3,4	0	0
Autre cas de figure (ami de la famille, etc.)	9	15,3	2	5
Total	65	110,2	41	102,5

13. Etat des relations père/mère de la victime

	Effectifs	%	Effectifs	%
Sans réponses	0	0	0	0
Mariés	28	47,5	25	62,5
Vie maritale	3	5,1	2	5
Divorcés	12	20,3	4	10
Séparés	10	16,9	7	17,5
Homme décédé	4	6,8	1	2,5
Femme décédée	2	3,4	1	2,5
Total	59	100	40	100

14. Position de la (des) victime(s) par rapport à l'auteur (plusieurs réponses possibles si plusieurs victimes) ?

	Effectifs	%	Effectifs	%
Sans réponses	0	0	0	0
Enfant légitime (ou reconnu par le père)	30	50,8	26	65
Enfant naturel	0	0	3	7,5
Enfant adopté	0	0	1	2,5
Enfant placé en famille d'accueil	1	1,7	0	0
Petit-enfant	1	1,7	2	5
Enfant d'un seul des conjoints du ménage actuel	12	20,3	4	10
Membre de la famille de l'auteur	7	11,9	1	2,5
Membre de la famille du conjoint de l'auteur	2	3,4	0	0
Autre cas	11	18,6	3	7,5
Total	64	108,5	40	100

15. Nombre de personnes vivant chez l'auteur

	Effectifs	%	Effectifs	%
Sans réponses	5	8,5	1	2,5
Auteur vit seul	1	1,7	1	2,5
2 personnes	3	5,1	2	5
3 personnes	5	8,5	6	15
4 personnes	8	13,6	4	10
5 personnes	8	13,6	13	32,5
6 personnes	12	20,3	8	20
7 personnes	11	18,6	3	7,5
8 et plus	6	10,2	2	5
Total	59	100	40	100

16. Type d'habitat de la famille concernée

	Effectifs	%	Effectifs	%
Sans réponses	1	1,7	0	0
Collectif urbain	7	11,9	2	5
Individuel urbain	17	28,8	7	17,5
Dans bourg rural	22	37,3	19	47,5
Individuel rural isolé	11	18,6	12	30
Non sédentaire	1	1,7	0	0
Total	59	100	40	100

17. Durée de l'abus

	Effectifs	%	Effectifs	%
Sans réponses	3	5,1	8	20
1 an et moins	38	64,4	22	55
2 ans et moins de 3 ans	8	13,6	4	10
3 ans et moins de 4 ans	3	5,1	3	7,5
4 ans et moins de 5 ans	4	6,8	0	0
5 ans et plus	3	5,1	3	7,5
Total	59	100	40	100

18. Situation des victimes

	Effectifs	%	Effectifs	%
Sans réponses	0	0	0	0
Scolarité « normale »	48	81,4	34	85
Scolarité en milieu spécialisé	11	18,6	5	12,5
En stage d'insertion ou assimilé	0	0	1	2,5
Total	59	100	40	100

19. Position sociale

Appréciation de la position socioprofessionnelle de la famille concernée
Echelle de 1 à 5, la valeur 1 correspondant à une position « supérieure », la valeur 5 à une situation « défavorisée »

	Effectifs	%	Effectifs	%
Sans réponses	0	0	0	0
1 Supérieure	2	3,4	1	2,5
2	4	6,8	3	7,5
3	18	30,5	10	25
4	18	30,5	12	30
5 Défavorisée	17	28,8	14	35
Total	59	100	40	100

20. L'inceste dans l'histoire familiale de l'auteur : l'auteur

	Effectifs	%	Effectifs	%
Sans réponses	4	6,8	0	0
a été lui-même victime d'abus sexuel familial	0	0	2	5
est originaire d'une famille où l'inceste a été présent	6	10,2	9	22,5
a été victime de violences sexuelles non familiales	5	8,5	0	0
n'a jamais été confronté à des abus d'ordre sexuel	7	11,9	3	7,5
pas d'information	37	62,7	26	65
Total	59	100	40	100

21. Nature de l'événement supposé avoir déclenché ou favorisé l'abus sexuel

	Effectifs	%	Effectifs	%
Sans réponses	0	0	0	0
Décès d'un des conjoints	6	10,2	1	2,5
Divorce ou séparation des conjoints	6	10,2	4	10
Abandon du foyer par la mère	3	5,1	1	2,5
Absence ponctuelle de la mère (maternité, maladie, etc.)	12	20,3	4	10
Naissance ou arrivée d'un autre enfant dans le ménage	0	0	2	5
Chômage de l'auteur	7	11,9	3	7,5
Alcoolisme de l'auteur	20	33,9	21	52,5
Troubles de la personnalité de l'auteur	30	50,8	18	45
Maladie grave de la mère présente au domicile	3	5,1	7	17,5
Signe de maladie mentale ou de débilité chez la victime	5	8,5	4	10
Autre type d'événement	20	33,9	5	12,5
Aucun événement particulier découvert	8	13,6	3	7,5
Total	120	203,4	73	182,5

22. Mode de découverte de la situation d'abus, ou événement ayant conduit à sa révélation

	Effectifs	%	Effectifs	%
Sans réponses	0	0	7	17,5
Suspicion lors d'une enquête sociale	2	3,4	4	10
Suspicion lors d'une enquête judiciaire	0	0	1	2,5
Suspicion de la part de tiers	6	10,2	8	20
Recueil d'indices concordants par TS (familles sous mandat)	4	6,8	7	17,5

Révélation spontanée de la victime	30	50,8	7	17,5
Dénonciation (quel que soit le dénonciateur)	14	23,7	5	12,5
Suite à grossesse de la victime	3	5,1	1	2,5
Total	59	100	40	100

34. Quelles ont été les suites judiciaires, pénales, etc. données à l'affaire concernant l'auteur ?

	Effectifs	%	Effectifs	%
Sans réponses	4	0	16	0
Aucunes suites judiciaires	23	39	23	57,5
Poursuites aboutissant à un non-lieu	1	1,7	1	2,5
Mise en détention préventive seulement	2	3,4	0	0
Condamnation pénale pour attentat à la pudeur	15	25,4	0	0
Condamnation pénale pour inceste ou viol	6	10,2	0	0
Internement psychiatrique	0	0	0	0
Obligation de se soigner	1	1,7	0	0
Interdiction de séjour et de visite à la victime	3	5,1	0	0
Déchéance des droits paternels	3	5,1	0	0
Interdiction d'hébergement de la victime seule	2	3,4	1	2,5
Interdiction d'hébergement de tous les enfants	5	8,5	0	0
Information transmise au parquet seulement	7	11,9	0	0
Total	68	115,3	25	62,5

38. Suite donnée concernant la victime

	Effectifs	%	Effectifs	%
Sans réponses	2	0	15	0
Retrait/placement chez des membres de sa propre famille maternelle	4	6,8	1	2,5
Retrait/placement dans famille paternelle	1	1,7	0	0
Retrait/placement en famille d'accueil	8	13,6	2	5
Retrait/placement en foyer ou internat scolaire	13	22	7	17,5
Maintien au domicile familial	29	49,2	14	35
Départ du domicile et vie autonome	3	5,1	2	5
Autres cas	5	8,5	2	5
Total	63	106,8	28	70

39. Pour résumer, quelle a été, parmi les suivantes, la situation dominante ?

	Effectifs	%	Effectifs	%
Sans réponses	2	3,4	15	37,5
L'auteur a été éloigné de la victime et de son domicile	17	28,8	2	5
La victime a été éloignée de l'auteur et de son domicile	13	22	9	22,5
Les deux ont été éloignés de leur domicile	8	13,6	0	0
Il n'y a pas eu d'éloignement réel	12	20,3	11	27,5
Autres situations	7	11,9	3	7,5
Total	59	100	40	100

40. La révélation d'abus sexuel a-t-elle conduit à un divorce ou une séparation de l'auteur d'avec son conjoint ?

	Effectifs	%	Effectifs	%
Sans réponses	10	16,9	25	62,5
Oui	11	18,6	2	5
Non	38	64,4	13	32,5
Total	59	100	40	100

41. La situation d'abus sexuel a-t-elle débouché sur la séparation des frères et sœurs ?

	Effectifs	%	Effectifs	%
Sans réponses	5	8,5	19	47,5
Oui	22	37,3	5	12,5
Non	32	54,2	16	40
Total	59	100	40	100

44. La victime a-t-elle été, après le premier abus, confrontée à d'autres abus ou violences sexuelles ?

	Effectifs	%	Effectifs	%
Sans réponses	15	25,4	26	65
Oui	12	20,3	2	5
Non	32	54,2	12	30
Total	59	100	40	100

45. Par qui ont été perpétrées ces nouvelles violences ?

	Effectifs	%	Effectifs	%
Sans réponses	47	0	38	0
Par le même auteur	4	6,8	0	0
Par un tiers institutionnel	1	1,7	0	0
Par un autre auteur familial	2	3,4	1	2,5
Par une toute autre personne	7	11,9	1	2,5
Total	14	23,7	2	5

46. L'abus sexuel a-t-il donné lieu à la conception d'un enfant ?

	Effectifs	%	Effectifs	%
Sans réponses	10	16,9	17	42,5
Non	46	78	21	52,5
Oui avec pour suite une IVG	2	3,4	0	0
Oui avec pour suite une naissance	1	1,7	2	5
Total	59	100	40	100

47. Inceste dans l'histoire du conjoint de l'auteur

	Effectifs	%	Effectifs	%
Sans réponses	33	55,9	27	67,5
a été lui-même victime d'abus sexuel familial	4	6,8	1	2,5
est originaire d'une famille ou l'inceste a été présent	2	3,4	2	5
a été victime de violences sexuelles non familiales	5	8,5	0	0
n'a jamais été confronté à des abus d'ordre sexuel	2	3,4	2	5
pas d'information	13	22	8	20
Total	59	100	40	100

48. Nombre de travailleurs sociaux intervenants

	Effectifs	%	Effectifs	%
Sans réponses	0	0	0	0
un	28	47,5	18	45
deux	31	52,5	22	55
Total	59	100	40	100

PRÉSENTATION DES TRIS À PLAT CONCERNANT LES QUESTIONS SPÉCIFIQUES AUX RÉVÉLATIONS

— Population prise en compte : 59 révélations.

23. Mode de révélation

	effectifs	%
Révélation par victime encore exposée	19	32,2
Révélation a posteriori d'une victime hors exposition	10	16,9
Révélation par frère ou sœur d'une victime exposée	8	13,6
Révélation par le conjoint de l'auteur	8	13,6
Révélation par un autre membre de la famille	5	8,5
Révélation d'un tiers institutionnel (médecin, instituteur, etc.)	4	6,8
Sans réponses	3	5,1
Révélation par un autre tiers	2	3,4
Total	59	100

24. Facteur ayant favorisé la révélation

	effectifs	%
Découverte de la situation d'abus par un tiers	20	33,9
Risque d'exposition des frères et sœurs de la victime	15	25,4
Autres cas	15	25,4
Départ ou éloignement de la victime du domicile	10	16,9
Départ ou éloignement de l'auteur du domicile	7	11,9
Victime a trouvé un(e) petit(e) ami(e)	5	8,5
Sans réponses	4	0
Changement de TS	3	5,1
Mariage ou concubinage de victime	2	3,4
Total	77	130,5

25. Quelle institution a reçu en premier la révélation ?

	effectifs	%
Sauvegarde	23	39
Service de police ou de gendarmerie	9	15,3
Institution scolaire ou spécialisée	9	15,3
Autres services sociaux	8	13,6
Médecin ou services de santé	6	10,2
Sans réponses	2	3,4
Autres cas	1	1,7
Justice	1	1,7
Total	59	100

26. Quel est le sexe de la personne ayant recueilli la révélation ?

	effectifs	%
Féminin	32	54,2
Masculin	23	39
Sans réponses	4	6,8
Total	59	100

27. Si cette personne est un TS de la Sauvegarde, quelle est sa formation d'origine ?

	effectifs	%
Sans réponses	33	55,9
Educateur(trice) spécialisé(e)	18	30,5
Assistant(e) social(e)	5	8,5
Psychologue	2	3,4
Autre formation	1	1,7
Total	59	100

28. Y a-t-il eu rétraction de la victime après ses premières révélations ?

	effectifs	%
Non	45	76,3
Oui	7	11,9
Sans réponses	7	11,9
Total	59	100

29. Suite à la révélation, l'auteur :

	effectifs	%
N'a pas avoué	29	49,2
A avoué devant les services de police-gendarmerie	18	30,5
A avoué devant la justice	16	27,1
A avoué devant les TS de la Sauvegarde	7	11,9
A avoué devant son conjoint	4	6,8
A avoué devant d'autres personnes	4	6,8
Sans réponses	4	0
A avoué devant d'autres tiers institutionnels	2	3,4
Total	80	135,6

30. Y a-t-il eu négation de l'abus par le conjoint de l'auteur ou par d'autres membres de la famille

	effectifs	%
Non	34	57,6
Oui	18	30,5
Sans réponses	7	11,9
Total	59	100

31. Quelles ont été les suites juridiques de la situation d'abus sexuel ?

	effectifs	%
Sans réponses	21	0
Poursuites seulement par le ministère public	18	30,5
Plainte d'un des parents de la victime	10	16,9
Plainte du conjoint de l'auteur	9	15,3
Plainte de la victime	6	10,2
Plainte d'autres membres de la famille	3	5,1
Total	46	78

32. Gravité ou qualification juridique de l'abus sexuel :

	effectifs	%
Attentat à la pudeur	26	44,1
Sans réponses	19	32,2
Viol par ascendant	7	11,9
Viol par personne ayant autorité	3	5,1
Autre qualification	2	3,4
Viol	2	3,4
Total	59	100

33. Suite à la révélation, l'auteur a été :

	effectifs	%
Laissé en liberté	29	49,2
Placé en détention préventive	22	37,3
Sans réponses	6	10,2
Placé en garde à vue seulement	2	3,4
Total	59	100

34. Suites judiciaires ou pénales

	effectifs	%
Aucunes suites judiciaires	23	39
Condamnation pénale pour attentat à la pudeur	15	25,4
Information transmise au parquet seulement	7	11,9
Condamnation pénale pour inceste ou viol	6	10,2
Interdiction d'hébergement de tous les enfants	5	8,5
Sans réponses	4	0
Déchéance des droits paternels	3	5,1
Interdiction de séjour et de visite à la victime	3	5,1
Interdiction d'hébergement de la victime seule	2	3,4
Mise en détention préventive seulement	2	3,4
Poursuites aboutissant à un non-lieu	1	1,7
Obligation de se soigner	1	1,7
Total	68	115,3

35. Si une condamnation pénale ou criminelle a été prononcée, quelle en a été la durée ou la nature ?

	effectifs	%
Sans réponses	38	64,4
De 1 à moins de 3 ans	5	8,5
De 3 à moins de 6 ans	5	8,5
De 6 à moins de 10 ans	4	6,8
Moins de 1 an de prison ferme	3	5,1
10 ans et plus	2	3,4
Mise à l'épreuve seulement	2	3,4
Total	59	100

36. L'auteur a-t-il été condamné à verser des dommages à la victime ?

	effectifs	%
Sans réponses	29	49,2
Non	26	44,1
Oui	4	6,8
Total	59	100

37. Si oui, quel en a été le montant ?

	effectifs	%
Sans réponses	55	93,2
De 30 à moins de 50 000 F	1	1,7
50 000 F et plus	1	1,7
Moins de 10 000 F	1	1,7
De 10 à moins de 30 000 F	1	1,7
Total	59	100

42. La victime a-t-elle été représentée par un avocat lors de l'instruction et du procès ?

	effectifs	%
Sans réponses	30	50,8
Non	18	30,5
Oui	11	18,6
Total	59	100

43. Si oui, le choix de l'avocat a été effectué par :

	effectifs	%
Sans réponses	47	0
Le représentant légal	8	13,6
Autre	3	5,1
Un tuteur ad hoc	3	5,1
Total	14	23,7

Bibliographie

ADSEA de l'Aisne. 1992. « Situation des enfants victimes d'abus sexuels ». *Sauvegarde de l'enfance*. N° 1.

AFIREM. 1991. *L'enfance maltraitée. Du silence à la communication*. Karthala.

AFIREM. 1994. *Secret maintenu, secret dévoilé. A propos de la maltraitance*. Karthala.

ALEGRE, J. 1987. *Le traitement pénal et civil*. Centre de formation et d'études de l'Education surveillée.

Association girondine d'éducation spécialisée et de prévention sociale « Une action expérimentale d'accompagnement éducatif des mineurs victimes d'abus sexuels intra-familiaux au cours de la procédure pénale ». *Le nouveau Mascaret*. Février 1994.

BARUDY, J. « Le dévoilement de l'inceste et de l'abus sexuel ». *Cahiers critiques de thérapie familiale et de pratiques de réseaux*. N° 10. Toulouse, Privat.

BARUDY, J. 1989. « L'inceste : une tragédie à trois personnages. L'approche systémique de l'inceste père-fille ».

BARUDY, J. 1990. « La mise à jour de l'inceste et de l'abus sexuel : crise pour la famille, crise pour l'intervenant ». *Bulletin d'information de l'ANPASE*. N° 6.

BONGRAIN, M. 1992. *La loi au secours de l'enfant maltraité*. CTNERHI.

BONGRAIN, M. ; CHAILLOUX, P. ; DAVISSON, C. ; NEIRINCK, C. 1989. *La défense de l'enfant en justice*. CTNERHI.

BONGRAIN, M. 1994. Le travailleur social et l'enfant maltraité : enjeu d'un face à face. Paris, L'Harmattan.

CHAILLOU, P. 1990. « Le signalement en matière de mauvais traitement à enfants : obligation ou possibilité pour le professionnel ? ». Bulletin *L'enfant du droit.*
CIRILLOS-BLASIO, P. 1992. *La famille maltraitante*, Paris, ESF.
Convention internationale des droits de l'enfant. 1990.
COSTE F.L. 1989. « Comment dire la loi qui ne dit pas l'inceste ? ». Bulletin n° 2 du CLCJ : *L'inceste et autres violences.* Quatrième trimestre.
CRIV de Vaucresson. 1990. « Les abus sexuels envers les enfants ». *DELTAGLIA.*
CRIVILLE, A. ; DESCHAMPS, M. ; FERNET, C. ; SITTLER, M.F. 1994. *L'inceste. Comprendre pour intervenir.* Toulouse, Privat.
DESTAGLIA. 1976. Les enfants maltraités. Dépistage et interventions sociales. Paris, ESF.
Echanger autrement - Bentovim Arnon 1989- « Les abus sexuels à l'égard des enfants ».
ELLIOT, M. 1991. *Enfants en danger.* Paris, M.A. Editions.
ERARD, M. ; MOLLIENS, G. 1992. *Revue de thérapie familiale.* Volume XII, n° 1.
GABEL, M. 1992. *Les enfants victimes d'abus sexuels.* Paris, PUF.
GEOFFROY, L. ; GOROSTIAGA, C. ; KRUSKOVIC, S. ; TAILLEUX, B. ; TERRADE, M. *La maltraitance se crie mais ne s'écrit pas.* RISC.
Groupe familial (le) - janvier-mars 1994. « Guérir de l'inceste ».
GRUYER, F. ; FADIER, M. ; SABOURIN, P. 1991. *La violence impensable.* Paris, Nathan.
HAYEZ. 1992. « Prise en charge de l'agresseur après abus sexuels sur mineur d'âge : un point de vue systémique ». *Thérapie familiale.* Genève.
HEIREMAN, Magda. 1989. *Inceste de chez soi.* Paris, ESF.
LAMARCHE, C. 1991. *Ces familles dites dangereuses.* Lille, A. DSSEAD.
LAMPO, A. ; MARNEFFE, C. 1990. « Sévices sexuels à l'égard des enfants : la prise en charge et le rôle des médecins confidents ».
LEBRAS, H. TODDE. 1981. *L'invention de la France.* Collection Pluriel.
« Les abus sexuels commis sur des mineurs ». *ADSEA de Vendée.* Mai 1992.
« Les acteurs sociaux face à l'enfance maltraitée ». *Lien social.* N° 290, 19 janvier 1995.

LÉVY-STRAUSS, C. 1967. *Les structures élémentaires de la parenté*. Mouton.
LOIRAND, G. 1992. « Rapport sur les abus sexuels : 1983-1991 ». *ADSEA de Vendée.*
Ministère des Affaires sociales et de la Solidarité nationale. 1985. « 50 000 enfants sont maltraités ». *En parler, c'est déjà agir.*
PERRONE, R. ; NANNINI, M. 1995. *Violence et abus sexuels dans la famille. Paris, ESF.*
ROUYER, M. ; DROUET, M. 1986. *L'enfant violenté.Des mauvais traitements à l'inceste*. Paris, Le Centurion.
SOUTOUL, J.H. ; BRETON, O. ; CHEVRANT. 1994. *Les agressions sexuelles de l'adulte et du mineur*. Paris, Ellipses.
SELVINI, M. ; PALAZZOLI ; BOSCOLO ; CECCHIN ; PRATA. 1978. *Paradoxe contre paradoxe*. Paris, ESF.
STRAUSS, P. ; MANCIAUX, M. 1982. *L'enfant maltraité*. Paris, Fleurus.
THOMAS, E. 1986. *Le viol du silence*. Paris, Aubier.
TOMKIEWICZ, S. 1991. *Aimer mal, châtier bien*. Paris, Le Seuil.
VAN GISSENGHEM. 1985. « Autre regard sur les conséquences de l'inceste père-fille ». *Revue canadienne de psycho-éducation.*
Vie sociale. Volume 1, 2/3. 1994. « Le travail social en Europe ».
WEBER, Max. 1971. *Economie et société*. Tome 1. Paris, Plon.

Table des matières

Achevé d'imprimer sur les presses de Paragraphic – 31240 L'Union (Toulouse)
Dépôt légal : Septembre1995